中文日訳の基礎的研究（二）

張　麟声 編

まえがき

『中文日訳の基礎的研究（二）』をお届けする。

論文が6本収録されていることは前号と同じだが、本号は依頼論文4本と投稿2本からなっている。つまり、本号から小誌は、レフリー付きの学術誌という性格を帯び始めた。ただし、編集委員会を作るのではなく、査読委員をお願いする形で運営している。

本号でお願いした査読委員は、中国語学と日本語学それぞれ3名ずつの次の方々である（敬称略）。

中国語学：
　　杉村博文（大阪大学名誉教授）
　　丸尾誠（名古屋大学教授）
　　勝川裕子（名古屋大学准教授）
日本語学：
　　庵功雄（一橋大学教授）
　　橋本修（筑波大学教授）
　　山田敏弘（岐阜大学教授）

本号で採用された投稿論文は、太田匡亮氏の「中国語の連用修飾フレーズ "耐心(de)+VP" の日本語訳について」と、胡君平氏の「中国語 "让" 構文の日本語訳―使役態、偽使役態、受身態を兼ねて―」の2本である。

本号の全体の体裁は前号といくらか違いを見せている。成長しているシンボルだと捉えていただきたい。読者層を広げることを考えて、第三号はまた別の角度から工夫することを、すでに本号の6番目の拙論で予告している。質の向上を絶えず図ると同時に、体裁そのものも統一に拘ることなく、常に魅力的なものを目指して、改善を図り続けていきたい。

本号も中国語話者のための日本語教育、特にその中文日訳の教育に役立つことを願ってやまない。

大阪府立大学　張　麟声

2020年12月

目　　次

中文日訳の基礎的研究

語 彙 篇

中国語の連用修飾フレーズ "耐心（de）+VP" の日本語訳について

太田　匡亮

一　はじめに

　本稿では，中国語の連用修飾フレーズ "耐心（de）[1]+VP" を日本語に翻訳するときの訳出方法を検討していきます。"耐心" を辞書で引くと，連用修飾の[2]用法だけを見ても「辛抱強く・根気よく・根気強く・我慢強く」など多くの訳語が挙げられていますが，それでもなお，下の（1）のような例をうまく訳すことはできません。

　　（1）在飞机完全停稳、舱门打开前，请您在座位上耐心等候，……（中国東
　　　　　方航空機内アナウンス）

　上の例で，「飛行機が完全に停止し，ドアが開くまで，お座席にて辛抱強くお待ちください／根気よくお待ちください」などと訳出してしまうと，適切な日本語とは言えなくなります。本稿の目的は，様々な訳語の検討を通して，最終的にこの（1）のような中国語も含め適切な翻訳ができるよう，その訳出方法を提示することにあります。

二　研究対象

2.1　語彙面から見た "耐心"

　本稿ではフレーズを基本単位として，"耐心" が動詞を修飾する連用修飾フレーズ "耐心（de）+VP" について見ていきますが，その中心となるのは言うまでもなく "耐心" という語です。そこでまずは語彙面から，"耐心" について見ておくことにします。

---

1)　本稿では，連用修飾語の "地"（規範的な書き方）と "的"（規範的でない書き方）を "de"
　　でまとめて表すことにする。また，"耐心" と動詞フレーズ VP の間には "de" が用いられる
　　場合とそうでない場合があり，両者を "（de）" でまとめて表すことにする。
2)　本稿では，「翻訳時の処理」と同義で「訳出」という表現を用いる。「訳出」という表現
　　では不訳（減訳）などの処理がカバーできないが，本稿で扱う用例の範囲では不訳が必須
　　となる例が見つかっていないため，このように表現する。

2.1.1　辞書の記述

　辞書で"耐心"を引くと，次のように書かれています。

愛知大学『中日大辭典』第3版

　①辛抱強い．根気強い．　│進行〜的解釈／根気よく説明する．

　　　　　　　　　　　　　你不要着急，得〜細致地教育他／焦ってはい

　　　　　　　　　　　　　けない，辛抱強く彼を悟さなければならない．

　②⇒耐性（儿）[3]（p.1222）

白水社『白水社中国語辞典』

　1 🈶 辛抱強い，我慢強い．　│张老师对学生很〜。／張先生は学生に対し

　　　　　　　　　　　　　　て辛抱強い．

　　　　　　　　　　　　　〜［地］等待／辛抱強く待つ．

　　　　　　　　　　　　　进行〜的解釈／根気よく説明する．

　2 🈦 辛抱，根気．　│她的〜是少有的。／彼女の根気強さはめったにお目

　　　　　　　　　　　にかかれないものだ．

　　　　　　　　　　　干这种活得有〜。／このような仕事をするには根気

　　　　　　　　　　　がなくてはかなわない．（pp.972-973）

小学館『中日辞典』第3版

　1 🈶 辛抱強い．根気がよい．　│〜说服／辛抱強く説得する．

　　　　　　　　　　　　　　〜地等待／気を長くして待つ．

　　　　　　　　　　　　　老师〜开导着学生／先生は辛抱強く生

　　　　　　　　　　　　　徒を指導している．

　2 🈦 辛抱強さ．根気．　│教孩子要有〜／子供に教えるのには辛抱強さ

　　　　　　　　　　　　が必要だ．（p.1092）

三省堂『超級クラウン中日辞典』

　🈶 辛抱強い．　│学习外语要〜，不能急躁／外国語の勉強は根気が大切で，

　　　　　　　　　あせりは禁物だ．（p.793）

　『中日大辭典』『中日辞典』は日本の電子辞書に，『超級クラウン中日辞典』
は中国の電子辞書に収録実績のある中日辞書です。そして，『白水社中国語辞典』
はインターネット上で無料公開されており，日本からも中国からも閲覧可能な
中日辞書です。これら代表的な辞書数種類の記述をまとめると，"耐心"の連
用修飾用法には，「辛抱強く・根気よく・根気強く・我慢強く・気を長くして」

---

3) 【耐性（儿）】の項には訳語として「我慢強さ．辛抱強さ．」が挙がっている（同書 p.1222）。

という 5 つの訳語[4]が考えられると言えます。

2.1.2　語の難易度

"耐心"自体は常用語であり，特段難しい語ではありません。中国の中国語試験「HSK（汉语水平考试）」においては 4 級レベル[5]とされ（孔子学院総部 /国家汉办 2015:59），日本の中国語検定試験でも，関西大学中国語教材研究会（2009:230）を参考にすると，3 級レベル[6]と考えられます。

2.1.3　外国語教育で導入される "耐心" の用法

ただ，中国語教育にせよ日本語教育にせよ，"耐心" の連用修飾用法にはあまり目が向けられていないようです。中国語教育に関して言えば，1 年生向けの教科書に見られるのは次のような例文です。

> 对未来, 不仅要有信心, 而且要有<u>耐心</u>。（絹川ほか 2010:130）
> （未来に対しては，自信を持たなければならないだけでなく，しかも<u>辛抱強さ</u>も持たなければならない[7]。）

ここでの "耐心" は名詞用法で，文中で目的語となっています。

この傾向は中国語母語話者向けの日本語教育でも同じようで，日中対訳形式で示される例文からは，名詞用法で目的語となる "耐心" しか見つけられていません。例えば『新版中日交流标准日本语 中級词汇手册』では次のようになっています。

> 我慢強い　耐心, 有耐力｜彼女の<u>我慢強いところ</u>を見習わなければと思っています。／我应该学习她的<u>耐心</u>。（p.101）

このほか，『新編日語（4 重排本）』の中日翻訳問題にも "耐心" という語が見られますが，やはり名詞用法で，動詞 "没有" の目的語です。

> ……"辞职？为什么呀？" "现在的工作挺复杂的, 我不行啊。像我这样没有<u>耐心</u>的人干不了。" "但是, 任何工作没有<u>耐心</u>都是不行的。……"(p.167)
> （…「仕事やめるの？　なんで？」「今の仕事はなかなか複雑で，私には

---

4)　「気を長くして」はフレーズであり，語ではないが，本稿では便宜上「訳語」と呼ぶことにする。

5)　出題語彙数にして 1200 語レベル（孔子学院総部 / 国家汉办 2015:1）。

6)　出題語彙数にして 1000 ～ 2000 語レベル（一般財団法人日本中国語検定協会「出題内容」）。

7)　筆者訳。以下，特に明記がない限り同様。本節では語彙・文法に関わる説明の都合上，言語形式面でできるだけ原文の使用語彙と文法構造に忠実な訳を心がけた。

無理なんだよ。私みたいに<u>根気</u>のない人間にはできないよ。」「でも，どんな仕事も<u>根気</u>がないとだめなものだよ。…」）

このような状況を踏まえると，外国語教育，中でも中国語母語話者向けの日本語教育を見据えた，連用修飾用法 "耐心" の訳出方法の検討・整理が，必要だと言えるでしょう。

2.2　フレーズ面から見た "耐心（de）+VP"
2.2.1　"耐心 +VP" と "耐心 de+VP"

"耐心" が動詞フレーズ VP を修飾する場合，"耐心等待" のような "耐心 +VP" の形式と，"耐心地等待"（規範的な書き方）または "耐心的等待"（規範的でない書き方）のような "耐心 de+VP" の2形式が見られます。上に挙げた『白水社中国語辞典』で，「～［地］等待／辛抱強く待つ.」との用例がありましたが，この「［地］」はまさに，"地" があってもなくてもよいことを表しています。

北京語言大学中国語コーパス（BCC, 以下「BCC」とする）の "多領域検索" で "耐心 +VP" と "耐心 de+VP" の使用数を比較すると，次の表1のようになります。

表1　"耐心 +VP" と "耐心 de+VP" の使用数（検索結果数）

検索対象[8]	耐心 +VP	耐心 de+VP	
		耐心地 +VP	耐心的 +VP
検索結果数[9]	7611	2385	640

ただしこの検索結果には，下例（2）のように連用修飾用法ではないものもいくらか含まれてくるため，結果数はあくまで参考程度です。

（2）像你这么<u>没耐心</u>是不成的。

　　（お前みたいに<u>辛抱強さがないの</u>はだめだ。）

いずれにせよ，連用修飾フレーズ "耐心（de）+VP" の中では，"耐心 +VP" の形が圧倒的に多いことが見て取れます。これを踏まえて本稿では以下，"耐心 +VP" を中心に訳出方法の議論を進めていくことにします。

中国語文法研究においては，連用修飾語の "de" の有無は軽視できない問題で

---

8)　検索式は左から順に "耐心 v"，"耐心地 v"，"耐心的 v"。
9)　2020年3月2日に結果数を最終確認。筆者が2019年5月23日に検索を行ったときには，結果数は左から順に7612例，2387例，644例であった。仕様変更とデータの修正があったものと思われる。

あり，文の成立可否に影響する場合があったり，そうでなくともニュアンスに違いが出たりするようです。したがって本来ならば，"耐心 de+VP" についても相応の紙幅を割いて議論すべきだと言えるでしょう。しかし筆者が今回 "耐心 +VP" を中心に議論するのは，決してこのような問題を軽視しているからではありません。

外国語教育に役立つ対照研究を行うためには，"以解决母语常见'语法''词汇'的对译形式为出发点"，つまり，学習者の母語においてよく使用される文法・語彙が，外国語でどのような言語形式に訳されるのかという問題を解決することから出発すべきだ，という考え方があります。そしてこの考え方の下で，"从母语最常用、最突出的形式做起，一个一个地精确描写它们日译时的可能性"（「母語でたいへんよく使われ，たいへん目立つ形式から着手し，その日本語に翻訳する場合の可能なバリエーションを 1 つ 1 つ丁寧に記述[10]」する）という作業が必要だとされています（张麟声 2016:130）。そこで，本稿では中国語母語話者向けの日本語教育を見据え，学習者の母語である中国語の中でよりよく使用される形式 "耐心 +VP" にまず焦点を当てて，これをどのような日本語に訳せばよいかについて，議論したいと考えるわけです。その上で，必要に応じて "耐心 de+VP" についても若干の用例を取り上げることにします。

2.2.2 "耐心" と VP のコロケーション

フレーズ面の問題として，ここで "耐心" と VP のコロケーションについても見ておきます。次の表 2 が BCC 統計機能を用いた "耐心 +VP" における "耐心" と動詞のコロケーション頻度です。ただしこの数字も，100％正確なものではなく，参考程度です。

---

10) カギカッコ内は张麟声（2019）「まえがき」からの引用。

表 2 "耐心" と動詞のコロケーション頻度

順位	動詞	コロケーション頻度数
1	等待 （待つ）	1857
2	听 （聞く）	325
3	看 （見る）	308
4	解释 （説明する）	275
5	说服 （説得する）	237
6	去 （行く）	234
7	等候 （待つ）	230
8	做 （作る）	207
9	傾听 （注意して聞く）	156
10	点 （点を打つ）	152
11	解答 （答える）	145
12	是 （…である）	134
13	帮助 （助ける）	121
14	开导 （諭し導く）	101

　表中の動詞には，辞書を参考に最も基本的と考えられる動詞用法の対訳を掲載しましたが，これが実際の用例中での用法だとは限りません。例えば表中 6 位の "去" は，実際には「行く」という意味で用いられているものではなく，運動の方向を表す意味が薄れているか失われているものであるため，無効となります。

（3）他是不会有这个耐心去听这些辱骂的。

　　（彼にはこれらの口汚い罵りを聞いていられる辛抱強さはあるはずもなかった。）

また，10 位の "点" も，実際には動詞用法ではありません。

（4）别把宝宝弄哭了，耐心点啊。

（赤ちゃんを泣かさないようにしてね。辛抱強くね。）

　これらのほか，12位の "是" は，判断動詞と呼ばれる特殊な動詞で，"耐心" の後方に共起しても連用修飾構造とならないため，やはり無効となります。

　　（5）像你这么没耐心是不成的。

　　　（お前みたいに辛抱強さがないのはだめだ。　　（2）再掲）

　この上で，表中の動詞を見ていくと，

　　①「待つ」系動詞（"等待""等候"）が最も多く 2087 例

　　②「話す」系動詞（"解释""说服""解答""开导"）が 2 番目に多く 758 例

　　③「聞く」系動詞（"听""倾听"）が 3 番目に多く 481 例

　　④上記に続いて "看" 308 例，"做" 207 例，"帮助" 121 例

という情報が読み取れます。中でも，"耐心" と「待つ」系動詞のコロケーション頻度が突出して高い点は，注目に値します。

　なお，これらの動詞は "耐心 de+VP" においても，同様にコロケーション頻度が高くなります。したがって次節では，これらの高頻度コロケーションを中心に，日本語への訳出方法を検討していきます。

三　辞書の訳語でどこまで訳せるか

　前節の 2.1.1 で，辞書の記述を踏まえると，"耐心" の連用修飾用法には「辛抱強く・根気よく・根気強く・我慢強く・気を長くして」という 5 つの訳語が考えられることに触れました。本節では，2.2.2 で見た高頻度コロケーションの用例を翻訳素材とし，5 つの訳語を当てはめてみる形で，どのような用例が訳せて，どのような用例が訳せないのか，検討を加えていきます。

3.1　検討の方法をめぐって

　本節で訳語を 5 つに絞り込み，それを当てはめる形で訳出可能かどうか検討するのは，"耐心（de）+VP" の「日本語学習者に合った訳出方法」を提示したいからです。

　日本語母語話者が中日翻訳をする場合，母語としての日本語語彙力・表現力を有するので，中国語への理解が正確で一定のレベルに達してさえいれば，自ずと各文脈に合わせた多種多様な表現を用いて訳すようになり，辞書を引いた際にも，辞書の訳語を機械的に当てはめて言葉を置き換えるような訳出はしな

いと考えられます。

　一方，中国語を母語とする日本語学習者が中日翻訳をする場合，日本語母語話者ほどの語彙力・表現力は持ち合わせていないので，特に翻訳学習の初期段階で，未知語については「辞書を引く→辞書の訳語を当てはめて訳す」というプロセスを経ることが多くなると考えられます。

　そこで本節では，この学習者の訳出プロセスを再現しながら議論を進める必要があります。これをせずにいきなり母語話者の語彙力・表現力を前提とした"耐心（de）+VP"の訳出方法を提示しても，学習者にはさほど役に立たないでしょう。

　以下，BCCと北京大学現代中国語コーパス（CCL，以下「CCL」とする）から高頻度で用いられる"耐心（de）+VP"の用例を採取し，辞書にある5つの訳語でどのような用例が訳せて，どのような用例が訳せないのかを見ていきます。

3.2　辞書の訳語で訳せるもの

　ここでは，辞書にある5つの訳語のうちいずれかを用いれば訳出が可能なものを取り上げ，同時に各訳語の使用可否についても表の形で載せておくことにします。ただし各訳語の使用可否については筆者個人の内省にすぎず，特に「自然かどうか」という点で，判断する母語話者によっても揺れが出ると思われます。今後より多くの日本語母語話者による判断と，日本語研究者による類義表現研究を待たなければなりません。

3.2.1　「待つ」系動詞（"等待""等候"）の場合
3.2.1.1　"耐心 + 等待"

　　（6）由于我们中国人的思维模式和西方人大不相同，为了获得相互理解，进
　　　　行深层的思想交流，女儿希望这类朋友有东方文化背景，最好也是从中

---

11)　ここでは，「日本語でどう言うのかを知らない語」を指す。「中国語の中の未知語」，つまり「学習者が母語でも意味を知らない語」ではない。

12)　もちろん，学習者であっても語彙力・表現力が十分に高くなれば，未知語を別の表現で言い換えることができるようになるので，必ずしも毎回辞書を引く必要はなくなってくる。また，大量のインプットを受け，語彙力・表現力が相当のレベルに達すると，自身の力で目標言語の母語話者にも受け入れられる表現を生み出すことすら可能になる。

13)　ただし，本節の訳文は"耐心"に5つの訳語を当てはめる点を除いて，学習者の日本語語彙力・表現力を考慮した訳出にはなっていない。また，本節以降は実際に翻訳をする際の問題について検討するため，前節とは異なり，特段原文の使用語彙と文法構造を意識した訳文にもしていない。

国大陸出来的移民。当然，这种朋友是可遇而不可求的。她没有着急，耐心 等待着。（CCL）

（中国人の考え方は西洋人と大きく異なっているので，互いに理解し合い，より深い意見交流をするために，娘は東洋の文化的バックグラウンドを持つ友人を求めていた。加えてその友人が中国大陸から来た移民であれば，一番理想的だと考えていた。もちろん，そのような友人は探せば見つかるというようなものではないのだが，特に焦ることもなく， 訳語 出会いを待っていた。）

表3　(6) での各訳語の使用可否

訳語	使用可否
辛抱強く	○[14]
根気よく	？
根気強く	？
我慢強く	？
気を長くして	○

(7) 当时正处在休养中的蒋介石，并没有立即召见宋子文一行。于是宋子文等人只好住在武陵中学 耐心 等待，这使宋子文很是心烦。（CCL）

（蒋介石はそのとき休養中で，すぐに宋子文一行と会うことはなかった。そのため一行は武陵中学に泊まり込んで 訳語 待つしかなかったのだが，このことで宋子文はかなりのいら立ちを見せていた。）

表4　(7) での各訳語の使用可否

辛抱強く	○
根気よく	？
根気強く	？
我慢強く	○
気を長くして	○[15]

---

14) 「○」は問題ないと感じられる訳語選択，「？」は自然さに欠けるように感じられる訳語選択，「×」は語彙・文法ないしは語用面から考えて許容不可と感じられる訳語選択を表す。

15) このとき，一行は急ぎの用事で蒋介石に会おうとしていたようである（陝西省图书馆西安事变数据库 "张学良送蒋介石回南京以后"）。このことを踏まえると，焦らず気持ちに余裕を持って待つ場合の訳語「気を長くして」も不適切となる。しかし用例からは宋子文のいら立ちしか読み取れず，一行全員が焦っていたかどうかは分からないので，ひとまず「○」にした。

（8）突然乗务员告知乗客，飞机出现故障，不能按时起飞，请乗客 耐心 等待。(CCL)
（客室乗務員が突然，機材故障のため定刻通りに離陸ができないと伝え，乗客に 訳語 待ってもらえるようお願いした。）

表5 （8）での各訳語の使用可否

辛抱強く	○
根気よく	？
根気強く	？
我慢強く	○
気を長くして	？

3.2.1.2 "耐心 + 等候"

（9）记者在 17 年前从北方内蒙古草原初到北京。当时，天安门广场上的摄影点虽然不下于四、五十个，但是为了留下一个写有 "北京．天安门留念" 字样的珍贵照片，来自天南海北的游人们必须排队 耐心 等候。(CCL)
（記者がはじめて北方，内モンゴルの草原から北京に足を運んだのは，17 年前のことであった。当時は，天安門広場で記念写真を撮影してもらえる場所が 4，50 はあったのだが，「北京．天安門広場にて」という文字の入った貴重な写真を撮ってもらうために，全国各地からやってきた観光客は必ず行列を作り，訳語 待たなければならないのであった。）

表6 （9）での各訳語の使用可否

辛抱強く	○
根気よく	？
根気強く	○
我慢強く	○
気を長くして	？

　以上から，「待つ」系動詞（"等待""等候"）には多くの場合，「辛抱強く」が使えることが分かります。
　また，（7）-（9）のように明確に何かを我慢している場合には，「我慢強く」も使えることが分かります。（7）では蒋介石に早く会いたいが我慢して待っている，（8）では早く出発したいが我慢して待っている，（9）では早く写真を撮ってもらって手に入れたいが我慢して待っている，ということです。

12

さらに，待つ側に焦りの気持ちがない場合には，「気を長くして」も使える
ことが分かります。

"耐心 de+VP" に目を向けても，これらの傾向は同じであると言ってよいで
しょう。1 例だけ挙げておきます。

(10) 到了共产主义，还会不会发生这种婚姻和爱情分离着的事情呢？既然世
界是这么大，互相呼唤的人也就可能有互相不能应答的时候，……别管
人家的闲事吧！让我们 耐心地 等待着，等着那呼唤我们的人，即使等
不到也不要糊里糊涂地结婚！（CCL）

（共産主義の社会になってもこのような，婚姻関係と恋愛感情が一致
しないことがあるのだろうか。世界はこんなに広いのだから，互いの
心が呼び合っていても，二人がうまくつながり合えないことだって，
あるのかもしれない。…もう他人のことなんて考えるのをやめよう
よ！　自分のことを呼び求める人を， 訳語 待つことにしようじゃ
ないか。たとえそのような人に出会えなかったとしても，訳も分から
ないまま結婚するのだけはやめておくんだ！）

表7　(10) での各訳語の使用可否

辛抱強く	○
根気よく	○
根気強く	○
我慢強く	？
気を長くして	○

3.2.2　「話す」系動詞（"解释""说服""解答""开导"）の場合

3.2.2.1　"耐心 + 解释"

(11) 她反映搬进新楼两年多仍接不上煤气。市长首先表示歉意和理解，然后
耐心 解释说，这几年上海新建了大批住宅，有的设施一时跟不上，等
待装煤气的居民仍不少。（CCL）

（女性は新築のアパートに越してきて 2 年余りになるというのに，いま
だにガスが来ていないという状況について訴えた。これに対して，市
長はまず謝罪の意と住人への理解を示し，「ここ数年，上海では多くの
住宅が建てられ，一部の設備については整備が追い付かず，今も多く
の住民がガス工事を待っている状態である。」と 訳語 説明を行った。）

13

表8　（11）での各訳語の使用可否

辛抱強く	○
根気よく	？
根気強く	？
我慢強く	？
気を長くして	×

（12）一个老太太，老伴被杀害，原审法院对被告人判处死缓，她找到马有功，要求处决罪犯，马有功 耐心 解释：" 老人家，你的心情我们理解，但人民法院要依法办案，被告人的父亲送子投案，有从轻情节，这种情况不能杀。"（CCL）

（夫を殺害されたある年配女性が，被告の死刑執行猶予という一審判決を受けて馬有功を訪ねていき，死刑の即時執行を求めた。馬有功はこの年配女性に「奥様，お気持ちはよく分かるのですが，人民法院はあくまで法に基づいて判決を下すことになっています。今回の被告人は，父親に促されて自首したことから減軽事由があるとされ，死刑の即時執行はできないのです。」と 〔訳語〕 説明した。）

表9　（12）での各訳語の使用可否

辛抱強く	○
根気よく	？
根気強く	○
我慢強く	×
気を長くして	×

3.2.2.2　" 耐心 + 说服 "

（13）他的两个妹妹提出要从嘉兴调到杭州工作，他没同意， 耐心 说服她们仍留在嘉兴农村。（CCL）

（2 人の妹が，嘉興から杭州に転勤したいと言い出した。しかし兄は同意せず，2 人に嘉興の農村に残るよう 〔訳語〕 説得した。）

表 10　（13）での各訳語の使用可否

辛抱強く	○
根気よく	？
根気強く	○
我慢強く	？
気を長くして	×

（14）今年 7 月的一天，徐洪刚外出买水果，摊主认出面前站着的是自己崇尚
的英雄，执意要免费送给徐洪刚一箱苹果，徐洪刚 [耐心] 说服热心的摊
主，一分不少地付了款。（CCL）

（今年 7 月のある日，徐洪剛は果物を買いに出かけた。果物売りが彼
を見て，自分が尊敬してやまないあの徐洪剛だと分かると，何が何で
もリンゴを 1 箱無料で持って帰ってもらおうとしたのだが，徐洪剛は
やはりお金は払わなければと [(訳語)] 説得して，一銭もまけてもらう
ことなくきっちり代金を支払ったのであった。）

表 11　（14）での各訳語の使用可否

辛抱強く	×
根気よく	○
根気強く	○
我慢強く	×
気を長くして	×

3.2.2.3　" 耐心 + 解答 "

（15）设立咨询服务台，热情接待用户的查询，[耐心] 解答用户提出的问题。
用户来电话查询时，电话铃响五声内摘机通话。（CCL）

（問い合わせ窓口を設置し，問い合わせには親身になって対応し，質
問には [(訳語)] 回答するようにしている。また問い合わせの電話は 5
コール以内で受話器を取れるようにしている。）

表 12　（15）での各訳語の使用可否

辛抱強く	○
根気よく	？
根気強く	？
我慢強く	×
気を長くして	×

15

（16）妈妈应能正确、耐心解答孩子提出的问题，不会可以查阅书或询问别人给予解答，这样的妈妈会得到孩子的信赖和喜欢。（CCL）

（母親は正確に，訳語子供の質問に答えるべきである。答えられない質問があったときには，本を調べたり誰かにたずねたりして答えを出すべきである。このようにすれば，子供から信頼され，好かれる母親になれるだろう。）

表13　（16）での各訳語の使用可否

辛抱強く	○
根気よく	○
根気強く	？
我慢強く	？
気を長くして	×

3.2.2.4　"耐心＋开导"

（17）钟菁上岗不久，就碰上万安县一位逃学的少年在街上溜达。细致的小钟耐心开导少年，晓之以理，动之以情，终于使他心回意转，重返校园。（CCL）

（鍾菁は仕事に就いて間もなく，学校に行かずに街をぶらついている万安県の少年に出会った。細やかな性格の鍾菁は，少年に訳語指導を行い，理屈ばかりではなく心にも訴えかけるようにした結果，少年はようやく考えを改めて，学校生活への復帰を果たした。）

表14　（17）での各訳語の使用可否

辛抱強く	○
根気よく	？
根気強く	○
我慢強く	×
気を長くして	×

（18）同时，马德里斯女士还告诫家长，对儿童教育应和颜悦色、耐心开导，以表扬为主。在玩耍中，儿童必定会出现某些"不轨"行为，在这种情况下，家长们千万不要严厉训斥他们，更不要对他们动武、体罚。（CCL）

（同時に，マドリス女史は保護者に向けて，子供への教育はにこやかな

表情で，[(訳語)]導いてあげるようするべきであり，またたくさん褒め
てあげる必要があると呼びかけた。また，子供の遊びにおいては，必
ずと言ってよいほど何かしらの「よくない行動」が見られるが，この
ようなときも，保護者は絶対に厳しく叱りつけてはならず，ましてや
暴力をふるったり体罰を与えたりしてはならない，と注意を促した。)

表15 （18）での各訳語の使用可否

辛抱強く	○
根気よく	?
根気強く	?
我慢強く	×
気を長くして	×

　以上から，「話す」系動詞（"解释""说服""解答""开导"）にも多くの場合，「辛
抱強く」が使えることが分かります。
　一方で，「待つ」系動詞の場合と異なり，「気を長くして」はいずれの用例に
も使えません。
　"耐心 de+VP" に目を向けても，これらの傾向は同じであると言ってよいで
しょう。1 例だけ挙げておきます。
（19）去年 9 月的一天，宁武镇一位 22 岁的农村女青年在车祸中不幸遇难。
　　　她的亲属认为，死者尚未婚嫁就离开人世，得土葬才好。方英梅[耐心地]
　　　开导，死者家属仍不甘心，悄悄把方英梅拉到一边说："给你钱，让我
　　　们把尸体拉走。这件事只有你知我知。"方英梅严肃地说："就是给我 1
　　　万块钱，也不能这样做！"经过她反复动员，死者家属的思想工作终于
　　　做通了。(CCL)
　　　(昨年 9 月のある日，寧武鎮の農村に住む 22 歳の若い女性が，交通
　　　事故で命を落とした。残された家族は女性がまだ結婚していなかった
　　　ので，土葬にしなければならないと主張した。方英梅[16]は遺族に[(訳語)]
　　　火葬にするよう話したが，遺族はこれをよしとせず，「お金を包んで
　　　やるから，娘は連れて帰らせてほしい。これはここだけの話で頼む。」
　　　などと耳打ちしてきた。方英梅はこれに厳しい口調で「たとえ 1 万元

16)　広西武鳴県殯儀館党支部書記。土葬の習慣が根強い地域で，火葬の普及に努めた。(人
　　民网 "壮乡女殡工———记广西武鸣县殡仪馆党支部书记方英梅（优秀共产党员、先进基层
　　党组织风采）")

くれると言っても，そうはさせられません。」と言葉を返し，このやり取りの後も繰り返し遺族に働きかけ，最終的には考えを改めてもらうことに成功した。）

表16 （19）での各訳語の使用可否

辛抱強く	○
根気よく	？
根気強く	○
我慢強く	？
気を長くして	×

3.2.3 「聞く」系動詞（"听""倾听"）の場合

3.2.3.1 "耐心 + 听"

（20）虽然觉得他有些絮叨，但我都 耐心 听着。（CCL）

（彼の話は少しくどく感じられたが，私は 訳語 聞いていた。）

表17 （20）での各訳語の使用可否

辛抱強く	○
根気よく	？
根気強く	？
我慢強く	○
気を長くして	×

（21）两位小朋友因一点小事闹得不愉快，老师总是 耐心 听他们解释，直到双方和解。（CCL）

（小さなことがきっかけで子供同士がいざござを起こして機嫌を悪くしていると，先生はいつも2人が仲直りできるまで，両方から 訳語 事情を聞くようにしている。）

表18 （21）での各訳語の使用可否

辛抱強く	○
根気よく	○
根気強く	○
我慢強く	？
気を長くして	×

3.2.3.2 "耐心 + 倾听"

（22）父母应 耐心 倾听孩子的心声，做孩子可以亲近和说知心话的朋友。（CCL）

（両親は子供の心の声に 訳語 耳を傾け，子供が近寄りやすくて何でも話せる，友達のような人になるべきである。）

表 19　（22）での各訳語の使用可否

辛抱強く	○
根気よく	？
根気強く	？
我慢強く	？
気を長くして	×

（23）一间容量为 30 人的小型会议室里挤满了差不多 50 人，连靠墙的走道都站满了热心的听众，一些人甚至站在门外 耐心 倾听，这是记者 21 日在国际数学家大会的一个分组会议中看到的场景。（CCL）

（収容人数 30 人の小さな会議室に，ざっと 50 人はいようかという人がすし詰め状態になり，壁際の通路まで熱心な立ち見の人で埋まってしまっているばかりか，さらに一部の人はドアの外に立って 訳語 聞いている。これが，記者が 21 日に国際数学者会議のとある分科会会場で目にした光景であった。）

表 20　（23）での各訳語の使用可否

辛抱強く	○
根気よく	？
根気強く	？
我慢強く	○
気を長くして	×

　以上から，「聞く」系動詞（"听""倾听"）にも多くの場合，「辛抱強く」が使えることが分かります。

　一方で，「待つ」系動詞の場合と異なり，「気を長くして」はいずれの用例にも使えません。

　"耐心 de+VP" に目を向けても，これらの傾向は同じであると言ってよいでしょう。1 例だけ挙げておきます。

（24）他 耐心地 听着，尝试看起来很有兴趣的样子。（CCL）

（彼は 訳語 話を聞き続け，いかにも興味を持って聞いているらしい雰囲気を醸し出そうとしていた。）

表21 （24）での各訳語の使用可否

辛抱強く	○
根気よく	?
根気強く	○
我慢強く	○
気を長くして	×

3.2.4　その他の動詞（" 看 "" 做 "" 帮助 "）の場合

3.2.4.1　" 耐心 + 看 "

（25）《清代江南的瘟疫与社会》（余新忠著中国人民大学出版社 2003 年 1 月版），是我在 " 非典 " 时期 耐心 看完的一本学术著作，……（BCC）

（『清代江南地方の疫病と社会』（余新忠・著 中国人民大学出版社 2003 年 1 月出版）は私がSARS流行中に 訳語 読み切った学術書である。…）

表22 （25）での各訳語の使用可否

辛抱強く	?[17]
根気よく	?
根気強く	○
我慢強く	?
気を長くして	×

（26）第一个看一遍题目说看不懂。我鼓励说考大学的人也要看两三遍，你 耐心 看，有不懂的地方我给你解释。（BCC）

（1 人目の生徒は問題文を 1 回読んだだけで分からないと答えた。そこで私は，「この問題は大学を受験するような人でも 2，3 回は読まないといけないものだから， 訳語 読んでみなさい。もし分からないところがあったら説明してあげますから。」と声をかけた。）

17）「面白くない本だったが，ほかにすることがないので辛抱して読み切った」という意味であれば，「辛抱強く」と「我慢強く」も訳出に使えるだろう。

表23　(26) での各訳語の使用可否

辛抱強く	○
根気よく	?
根気強く	?
我慢強く	?
気を長くして	×

(27) 28分钟，有点长，但为了自己和家人的安全，请 耐心 看完：为了自己和家人的安全赶紧检查一下自家的锁！（BCC）

（28分と少し長いですが，自身と家族の安全のため最後まで (訳語) 見てください。「あなたと家族の安全のため家の鍵を急いでチェック！」）

表24　(27) での各訳語の使用可否

辛抱強く	○
根気よく	?
根気強く	?
我慢強く	?
気を長くして	×

(28) 只看标题会让你进入误区，请 耐心 看完全文。（BCC）

（タイトルだけではミスリードの恐れがあるので， (訳語) 文章全体をお読みください。）

表25　(28) での各訳語の使用可否

辛抱強く	○
根気よく	?
根気強く	×
我慢強く	×
気を長くして	×

　以上から，その他の動詞（"看"）にも多くの場合，「辛抱強く」が使えることが分かります。

　一方で，「待つ」系動詞の場合と異なり，「気を長くして」はいずれの用例にも使えません。

　"耐心 de+VP"に目を向けても，これらの傾向は同じであると言ってよいで

しょう。1例だけ挙げておきます。

（29）希望您能 耐心地 看下去，后面的故事变化会很大。（CCL）

（この後には大きな変化が待っているので，訳語 続きをお読みいた
だければと思います。）

表26　（29）での各訳語の使用可否

辛抱強く	○
根気よく	？
根気強く	？
我慢強く	？
気を長くして	×

3.2.4.2　"耐心 + 做"

（30）陈元庆一次又一次地 耐心 做思想工作，帮父母认识男到女家是移风易
俗的一件新事，不论是娶亲或是被招亲都一样。（BCC）

（陳元慶は両親に考え方を変えてもらおうと何度も 訳語 働きかけ
ていた。男が婿入りすることは，古くからの慣習を改め新たな方向へ
向かうことであるし，お嫁さんを迎えるのも自分が婿入りするのも同
じだということを分かってほしいのであった。）

表27　（30）での各訳語の使用可否

辛抱強く	○
根気よく	？
根気強く	○
我慢強く	？
気を長くして	×

（31）对学生出现的问题，要 耐心 做工作；对个别所谓"不听话"、"难教"
的学生，要善于发现他们的长处。（BCC）

（生徒の問題には 訳語 対処しなければならない。「言うことを聞か
ない」「教えにくい」一部の生徒に関しては，彼らの長所をうまく見
つけてあげなければならない。）

表28 （31）での各訳語の使用可否

辛抱強く	○
根気よく	?
根気強く	○
我慢強く	?
気を長くして	×

　以上から，その他の動詞（" 做 "）には多くの場合，「辛抱強く」と「根気強く」が使えることが分かります。中でも「根気強く」の方が，より積極的な働きかけをしているととらえられるでしょう。

　一方で，「待つ」系動詞の場合と異なり，「気を長くして」はいずれの用例にも使えません。

　上の（30）-（31）はどちらも " 做……工作 " という形だったため，下にこれとは異なるタイプの例を挙げておきます。

（32）对于热情活泼、难于安定的儿童要着重培养专心工作、耐心做的习惯。(BCC)
　　　（元気・活発で落ち着いていることが難しい子供には，集中して作業し，訳語 物事に取り組む習慣を身に着けさせられるよう，力を入れなければならない。）

　これは " 习惯 " にかかる連体修飾節に " 耐心做 " という連用修飾フレーズが埋め込まれた形ですが，やはり（30）-（31）の用例と同様，「辛抱強く」「根気強く」が使える一方で，「気を長くして」は不可となります。

表29 （32）での各訳語の使用可否

辛抱強く	○
根気よく	○
根気強く	○
我慢強く	○
気を長くして	×

　" 耐心 de+VP" に目を向けても，これらの傾向は同じであると言ってよいでしょう。" 认真耐心地 " という連用修飾フレーズの用例ですが，1 例だけ挙げておきます。

（33）对于群众所提意见和建议，镇里主要领导采取的措施是：合理的虚心接
　　　受，……对不合理的或没有可能解决的，当面给群众认真 耐心地 做出

23

解释，讲明政策及道理。（CCL）

（民衆からの意見や提案に対して鎮の主な指導者は，理にかなっているものは謙虚に受け止め，…理にかなわないものや解決の見込みがないものは民衆に直接，真摯な姿勢で ⟦訳語⟧ 説明を行い，どういう政策方針・事情であるのかをはっきり伝えるという対応をしている。）

表30　（33）での各訳語の使用可否

辛抱強く	○
根気よく	○
根気強く	○
我慢強く	？
気を長くして	×

3.2.4.3　"耐心 + 帮助"

（34）从论文的题材选取到终稿的确定期间，王老师一直 ⟦耐心⟧ 帮助我整理思路，归纳观点，……（CCL）

（論文のテーマ設定から原稿完成に至るまで，王先生はずっと ⟦訳語⟧ 私が考えを整理し，論旨をまとめられるよう助けてくださいました。…）

表31　（34）での各訳語の使用可否

辛抱強く	○
根気よく	×
根気強く	？
我慢強く	？
気を長くして	×

（35）多年来，她能结合工作实践，⟦耐心⟧ 帮助年轻的俄文翻译提高业务水平，培养了许多俄文专业人才。（BCC）

（長年にわたり，彼女は自身の実践経験も踏まえながら，若手ロシア語翻訳者のレベルアップのため ⟦訳語⟧ 手助けし，多くの専門人材を育成してきた。）

表32　（35）での各訳語の使用可否

辛抱強く	○
根気よく	?
根気強く	○
我慢強く	×
気を長くして	×

　以上から，その他の動詞（"帮助"）にも多くの場合，「辛抱強く」が使える
ことが分かります。

　一方で，「待つ」系動詞の場合と異なり，「気を長くして」はいずれの用例に
も使えません。

　"耐心 de+VP" に目を向けても，これらの傾向は同じであると言ってよいで
しょう。1 例だけ挙げておきます。

（36）　在铜锣湾的一家商店，记者想买一套西装。两位售货小姐一边 耐心地
　　　帮助挑选比较，一边用不很熟练的普通话与记者交谈。（CCL）
　　　（銅鑼湾のある店舗では，2 人の女性店員が 訳語 記者のスーツ選
　　　びを手伝ってくれて，スーツを選んでいる最中には，慣れない北京語
　　　でおしゃべりもしてくれた。）

表33　（36）での各訳語の使用可否

辛抱強く	○
根気よく	?
根気強く	?
我慢強く	?
気を長くして	×

　3.2 全体を通して見ると，「辛抱強く」はかなり多くの用例訳出に使える一方，
「気を長くして」は "耐心 +「待つ」系動詞" にしか使えないというのが，明確
な傾向です。ただし，「辛抱強く」も万能ではありません。次の 3.3 で，この
問題について見ていきます。

3.3　辞書の訳語で訳せないもの

　中国語の命令文[18]においては，5 つの訳語がいずれも使用不可になる場合があ

---

18)　本稿では，命令や依頼を表す文を「命令文」と総称する。

ります。ここではそのような用例を列挙して,「どのような用例が訳せないのか」
を見ていきます。そしてこれらの訳出方法については,4.2で改めて検討します。

3.3.1 「待つ」系動詞 (" 等待 "" 等候 ") の場合

3.3.1.1 " 耐心 + 等待 "

（37）由于视频文件较大，文件加载可能需要几分钟，请您 耐心 等待。文件
装载完成后，如果没有自动播放，请点击画面中的 "PLAY" 或 "Start"
按钮开始播放。（CCL）

（ビデオサイズが大きいため，読み込みには数分間かかる場合がありま
す。 訳語 お待ちください。読み込み後に自動で再生が始まらな
い場合は，画面上の「PLAY」または「Start」ボタンをクリックして
ください。）

（38）同学们的录取通知书纷纷雪片似地飞来，刘洋的自信动摇了。他和一个
同学一起去了抚顺友谊宾馆省招生地查询。结果他的同学 599 分被武
汉理工大学录取，602 分的他却得到了 " 尚未录取，请 耐心 等待 " 的
答复。回来的路上，刘洋哭了。（CCL）

（同級生のもとに次々と合格通知書が届くのを見て，劉洋君の自信が
揺らぎ始めた。そこで友人とともに省の新入生募集会場である撫順友
誼賓館に足を運び，入試の結果照会をしてみた。すると，599 点だっ
た友人は武漢理工大学に合格が決まっていたのに，602 点の劉君に
は「合格発表まで 訳語 お待ちください。」との返答であった。そ
の日の帰り道，劉君は泣いた。）

3.3.1.2 " 耐心 + 等候 "

（39）常乘坐飞机的人可能碰到过这样的情况：有时飞机都开始滑行了，却突
然听到机组广播 " 因空中交通管理，飞机暂时不能起飞，请大家 耐心
等候 "。（CCL）

（飛行機をよく使う人なら，もう機体が動き始めたというのに突然ア
ナウンスで「上空混雑の影響により，当機は現在，離陸の順番待ちを
しております。離陸まで， 訳語 お待ちください。」などと言われて
しまった経験があるかもしれない。）

3.3.2　「聞く」系動詞（" 听 "）の場合
3.3.2.1　" 耐心 + 听 "

（40）当我老了，不再是原来的我。请理解我，对我有一点耐心。……当我一
　　　遍又一遍地重复你早已听腻的话语，请 耐心地 听我说，不要打断我。
　　　（CCL）

　　　（私が年を取った後は，もう以前のようではなくなってしまうでしょ
　　　う。でも私のことを理解して，少し辛抱してもらえないでしょうか。
　　　…私が，もうとっくに聞き飽きた話を何度も何度も繰り返してしまっ
　　　たときでも，どうか言葉を遮らずに [訳語] 聞いていてください。）

　以上が，5 つの訳語がいずれも使用不可になる用例です。これらが命令文で
あることは冒頭で触れたとおりですが，どれも一定の丁寧さが要求される場面
であることが見て取れます。本稿の冒頭に挙げた下の例も，同様に一定の丁寧
さが要求される場面のものです。[19]

（41）在飞机完全停稳、舱门打开前，请您在座位上 耐心 等候，……（（1）再掲）
　　　（飛行機が完全に停止し，ドアが開くまで，お座席にて [訳語] お待
　　　ちください。…）

　対して，5 つの訳語のいずれかで訳出可能な命令文（26）-（28）（下に再掲）
では，丁寧さの要求がさほど高くないことが分かります。

（42）第一个看一遍题目说看不懂。我鼓励说考大学的人也要看两三遍，你
　　　 耐心 看，有不懂的地方我给你解释。（（26）再掲）

（43）28 分钟，有点长，但为了自己和家人的安全，请 耐心 看完：为了自己
　　　和家人的安全赶紧检查一下自家的锁！（（27）再掲）

（44）只看标题会让你进入误区，请 耐心 看完全文。（（28）再掲）

　まず（42）については，先生が生徒を指導している最中の発話で，つまり上
から下への発話となります。そして（43）-（44）については，どちらも中国
版 Twitter" 微博 " の用例で，ネット上での対等なやり取りです。日本語に関し
て現代日本語書き言葉均衡コーパス（BCCWJ，以下「BCCWJ」とする）でネッ
ト上の対等なやり取りを調べても，Yahoo！知恵袋の用例で，やはり同様の傾

---

19)　中国語の用例が,「待つ」系動詞と「聞く」系動詞のもののみとなっているが,これはコー
　　パスの検索結果から,「話す」系動詞やその他の動詞を用いた一定の丁寧さが要求される場
　　面の用例が見つからなかったことによる。とはいえ,「待つ」系動詞と「聞く」系動詞以外
　　なら辞書の訳語で問題なく訳せる,とまでは断言できないと考えている。

27

向が見られます。

　（45）版権フリーの素材画像がいくらでもネット上にあるので，<u>根気良く探</u>
　　　　<u>して</u>ください。

　したがって，「一定の丁寧さが求められる命令文で，5つの訳語がいずれも使
用不可になる」とまとめることができます。以上の事柄を確認した上で，次節
の 4.2 において，5つの訳語がいずれも使用不可になる用例（37）-（41）の
訳出方法を検討することにします。

四　訳出方法の提案

　前節では，辞書の訳語を用いて訳せるものと訳せないものを見てきました。
これを通して，日本語学習者が辞書の訳語のみで中日翻訳を行った場合に，"耐
心（de）+VP" のどのような用例が訳せると考えられ，どのような用例が訳せ
ないと考えられるのか，つまり訳語の限界が明らかになってきました。

　本節では辞書の訳語から離れ，日本語の表現習慣，あるいは日本語母語話者
の語彙力・表現力による翻訳の視点から，訳出方法に関する提案をしていきま
す。

4.1 「気長に」

　"耐心（de）+VP" の中で使用頻度が最も高かった "耐心（de）+「待つ」系動詞"
の訳出について，ここでもう少し見ておきます。このコロケーションの特徴は，
待つ側に焦りの気持ちがない場合には，訳語「気を長くして」が使える可能性
がある，という点でした。しかしここで，辞書の訳語から離れて考えると，す
ぐに類義表現の「気長に」が浮かびます。

　日本語で「気を長くして待つ」という表現は文法上何の誤りもなく，オンラ
イン検索では実際の使用例も確認できますが，「気長に待つ」との使用頻度の
差は，次の表 34 に示した BCCWJ での検索結果を見ると歴然としています。

表34 「気を長くして待つ」と「気長に待つ」の使用数（検索結果数）

	気を長くして待つ	気長に待つ
用例数	0[20]	63[21]

これを踏まえれば，より使用頻度の高い「気長に待つ」を "耐心（de）+「待つ」系動詞" の訳出方法の 1 つとしてよいでしょう。例えば次のようにです。

（46）娘は東洋の文化的バックグラウンドを持つ友人を求めていた。加えてその友人が中国大陸から来た移民であれば，一番理想的だと考えていた。もちろん，そのような友人は探せば見つかるというようなものではないのだが，特に焦ることもなく，気を長くして／気長に出会いを待っていた。（(6) の訳文より）

（47）蒋介石はそのとき休養中で，すぐに宋子文一行と会うことはなかった。そのため一行は武陵中学に泊まり込んで気を長くして／気長に待つしかなかったのだが，このことで宋子文はかなりのいら立ちを見せていた。（(7) の訳文より）

（48）もう他人のことなんて考えるのをやめようよ！　自分のことを呼び求める人を，気を長くして／気長に待つことにしようじゃないか。たとえそのような人に出会えなかったとしても，訳も分からないまま結婚するのだけはやめておくんだ！（(10) の訳文より）

4.2 「そのまま」「(今) しばらく」

3.3 では，一定の丁寧さが求められる命令文で，辞書にある 5 つの訳語「辛抱強く・根気よく・根気強く・我慢強く・気を長くして」がいずれも使用不可になる，と指摘しました。これらはいずれも，命令文に用いられると，聞き手の行動のより細かな指定につながるだけでなく，聞き手の心理状態にまで踏み込んで命令・依頼する形になります。そのため，一定の丁寧さが求められる命令文では，辞書の訳語がいずれも使用できなくなるのです。

加えて，命令文中でこれらの連用修飾語を使用すると，言外の意味として「あなたは辛抱強くない／根気よくない／根気強くない／我慢強くない／気が短

---

20) 短単位検索で前方共起条件「キ」，キー「ヲ」，後方共起条件「ナガイ」（いずれも語彙素読み）を設定し検索。得られた 4 例の検索結果のうち，「気を長くして」が「待つ」を修飾する用例はなし。
21) 短単位検索でキー「キナガ」（語彙素読み），後方共起条件「に」（書字形出現形）を設定し検索。得られた 187 例の検索結果のうち，「気長に」が「待つ」を修飾しているのは 63 例。

29

い」といった情報が含まれてしまう場合もあります。この問題に関連して興味深い事例があり，やや長くなりますが下に引用します。

　在一次国际会议的晚宴上，在晚宴快结束时，大屏幕上打出了中英文对照的两行通知。中文是："晚宴到此结束，请大家有序退场。"其对应的英文是：The banquet is over; please exit in an orderly fashion. 这句话的中文非常自然，也符合中国代表的文化习惯，而其英译文表面看来也是与中文实现了字面对等，尤其是后半句几乎是字字对应。然而现场的一些国外代表却对这句英文表述感到奇怪。这句译文的主要问题就在于 in an orderly fashion。中文里的"有序"二字是为倡导文明行为，其本意是好的，但一旦直译成英文后就造成了另一种理解，即如果不明确提出要有序退场，那么退场时就会出现混乱。对于一些国外代表来说，他们认为"退场"就应该是"有序的"，因此无需再将"有序"一词译为英文。对于上述中文通知，更加自然的英文表达可能是：The banquet is over; please exit through the main entrance. 由此可见，翻译中的语言转换必须灵活处理，绝不能只求字面对应，不顾意义传递。（姚斌ほか 2016:4）

（ある国際会議の宴席で，晩餐会も間もなく終了というときに，スクリーンに中国語と英語でお知らせが映し出された。中国語は"晚宴到此结束，请大家有序退场。"（晩餐会はこれをもちまして終了となります。みなさま順序よくお帰りください。）という内容であったが，これに The banquet is over; please exit in an orderly fashion. との英訳が当てられていた。中国語の表現は極めて自然で，中国人参加者の文化的習慣に合ったものであるし，そして英語も表面的には中国語の言葉遣いと一致しており，後半部分に至っては語句レベルでの完全な一致を見せていた。しかしこれを，会場にいた海外からの参加者は，おかしな英語表現だと感じていた。訳文の in an orderly fashion に問題があったのである。中国語において"有序"（順序よく）は，マナーを守った行動を呼びかける言葉で，中国人は良かれと思ってこのように言うのであるが，これを英語に訳してしまうと，中国語とは異なる理解が生まれてしまう。もし「順序よく帰る」ようお願いしなければ，参加者が会場を出るときに混乱が起きてしまう，という理解になるのである。海外の参加者から見れば，「会場を出る」ことは本来的に「順序よく」行われることであり，したがってわざわざ"有序"（順序よく）という語を英語に訳出する必要はないというわけである。この通知をより

自然な訳文にしようとすれば，The banquet is over; please exit through the main entrance. といった具合になるだろう。この例からわかる通り，翻訳における言葉の転換には必ず柔軟な対応が必要であり，字面の一致だけを求めて意味の伝達を考慮しないなどということは，絶対にあってはならないのである。）

ここで問題となったのは中国語の "有序" ですが，これはマナーを守った行動を呼びかける言葉だと説明されています。この点で，飛行機などの "请您耐心等候。" に見られる "耐心" と共通しています。加えて，"有序" と "耐心" は奇しくもともに連用修飾語です。これらから，「中国語の，マナーを守った行動を呼びかける連用修飾語」がいかに訳しにくいかが分かります。[22]

このような表現の翻訳には，「文脈の適合化（contextualization）」と呼ばれる処理が必要となります。『応用言語学事典』の解説を下に引用します。

原文の文化圏で自然に受け入れられている事物や行為が訳文の文化圏では不自然に思える，ないしは反発を招きかねない場合に，その違和感を除くために施す調整を言う。…特にプラスの評価を担った表現が訳語でマイナスに転じる恐れがある場合には，調整が避けられない。(p.413)

上の事柄を踏まえて，3.3 で挙げた辞書の訳語が使えない用例については，それぞれ次のように訳せば問題ない表現になるでしょう。

（49）在飞机完全停稳、舱门打开前，请您在座位上 耐心 等候，……（（1）再掲）
（飛行機が完全に停止し，ドアが開くまで，そのまま お座席にてお待ちください／お座席にて しばらく お待ちください。…）

（50）由于视频文件较大，文件加载可能需要几分钟，请您 耐心 等待。文件装载完成后，如果没有自动播放，请点击画面中的 "PLAY" 或 "Start" 按钮开始播放。（（37）再掲）
（ビデオサイズが大きいため，読み込みには数分間かかる場合があります。そのまま お待ちください。読み込み後に自動で再生が始まらない場合は，画面上の「PLAY」または「Start」ボタンをクリックし

---

22) このほか，"上不去的乘客，请您自觉等候下一次列车。"（北京市地下鉄アナウンス）なども訳しにくい。原文の使用語彙と文法構造に忠実に訳すと，「乗り込めないお客様，自覚を持って次の列車をお待ちください。」となるが，やはり機械的な言葉の置き換えでは，実際に駅で放送できる日本語にはならないので，「無理なご乗車は，おやめください。次の列車を，ご利用ください。」などと訳すしかない。「無理なご乗車」は一般的にはドアが閉まる直前の駆け込み乗車を指すが，混雑した列車に無理に乗り込む行為も，一応表現可能であると考えられる。

てください。）

（51）同学们的录取通知书纷纷雪片似地飞来，刘洋的自信动摇了。他和一个同学一起去了抚顺友谊宾馆省招生地查询。结果他的同学 599 分被武汉理工大学录取，602 分的他却得到了 " 尚未录取，请 耐心 等待 " 的答复。回来的路上，刘洋哭了。（（38）再掲）

（同級生のもとに次々と合格通知書が届くのを見て，劉洋君の自信が揺らぎ始めた。そこで友人とともに省の新入生募集会場である撫順友誼賓館に足を運び，入試の結果照会をしてみた。すると，599 点だった友人は武漢理工大学に合格が決まっていたのに，602 点の劉君には「合格発表まで しばらく お待ちください。」との返答であった。その日の帰り道，劉君は泣いた。）

（52）常乘坐飞机的人可能碰到过这样的情况：有时飞机都开始滑行了，却突然听到机组广播 " 因空中交通管理，飞机暂时不能起飞，请大家 耐心 等候 "。（（39）再掲）

（飛行機をよく使う人なら，もう機体が動き始めたというのに突然アナウンスで「上空混雑の影響により，当機は現在，離陸の順番待ちをしております。離陸まで しばらく お待ちください。」などと言われてしまった経験があるかもしれない。）

（53）当我老了，不再是原来的我。请理解我，对我有一点耐心。……当我一遍又一遍地重复你早已听腻的话语，请 耐心地 听我说，不要打断我。（（40）再掲）

（私が年を取った後は，もう以前のようではなくなってしまうでしょう。でも私のことを理解して，少し辛抱してもらえないでしょうか。…私が，もうとっくに聞き飽きた話を何度も何度も繰り返してしまったときでも，どうか言葉を遮らずに そのまま 聞いていてください。）

　以上から，一定の丁寧さが求められる命令文では，どのような動詞とのコロケーションであっても，多くの場合「そのまま」または「しばらく」が使えることが分かります。実のところ，中国語で（49）のようにアナウンスしている中国東方航空も，日本語のアナウンスでは「そのまま」を使用しています。

（54）　そのままお座席におかけになり，お待ちください。

　さらに，「しばらく」と「今しばらく」に関しても，中国語からの翻訳ではない純粋な日本語表現に目を向けると，その用例が数多く確認できます。まず，

「しばらく」の用例を挙げておきます。

（55）　現在，午前九時を過ぎると，特許電子図書館は「しばらくお待ちください」の表示が出てほとんど動かなくなる。このため，先行技術を調査したくてもできない研究者がたくさんいる。（BCCWJ）

（56）　ひとがどのように相手のことを理解するのか，そのしくみを探るために，関連性理論とは何か，見ておきましょう。少し説明が長くなりますが，しばらくお付き合いください。（ことばと意味の研究会 2019:21）

加えて，中国語では飛行機のアナウンスを 2 例取り上げたので，日本語でも同じく機内アナウンスでの用例を挙げておきます。

（57）　羽田空港混雑のため，当機は着陸の指示を待っております。みなさま，今しばらくお待ち下さい。（日本航空機内アナウンス）

（58）　すでに出発時刻を若干過ぎておりますが，ただいま，数名のお客様のお越しをお待ちしております。どうぞ今しばらくお待ち下さい。（日本航空機内アナウンス）

これら（55）‐（58）の例を見ると，「しばらく」よりも「今しばらく」の方がより丁寧な表現に感じられます。特に（58）では「今しばらく」の前に「どうぞ」も加わり，より一層丁寧に感じられる表現となっています。こうした表現は，一定の丁寧さが求められる命令文の翻訳に大きなヒントとなるため，ぜひとも参考にすべきものだと言えます。

「そのまま +VP」にせよ「（今）しばらく +VP」にせよ，動作の継続性を表現することになりますが，動作の継続は「辛抱強く／根気よく／根気強く／我慢強く +VP」の結果だととらえることもできるでしょう。このように考えることで，「そのまま」「（今）しばらく」と連用修飾語"耐心"の間にも，関連性を指摘できます。とは言っても，語彙レベルで"耐心"と「そのまま」「（今）しばらく」の間に対応関係を見出すことには苦しさがあります。そのため，「そのまま」「（今）しばらく」は"耐心"の「訳語」とは言えず，あくまで「訳出方法」として「そのまま」「（今）しばらく」を選ぶのだ，ということになります。[23]

23)　もちろん，辞書の訳語から離れて"耐心（de）+VP"の訳出方法を考えた場合は，適用範囲の大小の差こそあれ，4.1，4.2のほかにも様々な可能性が指摘できるだろう。例えば，（59）　謝謝各位 耐心 听了我的介紹。（BCC）（私の紹介を 最後まで 聞いてくださりありがとうございました。）このような感謝の場面でも，辞書にある訳語では不自然になってしまうと考えられ，「文脈の適合化」が必要となる。辛抱強く聞いた結果として最後まで聞くことにつながったと考え，「最後まで」と訳出すれば自然な表現となる。

五　まとめ

　本稿では，中国語母語話者向けの日本語教育を視野に入れつつ，中国語の連用修飾フレーズ"耐心（de）+VP"の訳出方法を検討してきました。検討に当たっては"耐心 +VP"に重点を置きつつ，特に使用頻度の高いコロケーションを取り上げ，辞書の訳語で訳せるものとその訳語選択傾向，辞書の訳語では訳せないものとその訳出方法を見てきました。その結果，主に次のことが明らかとなりました。

①辞書にある 5 つの訳語「辛抱強く・根気よく・根気強く・我慢強く・気を長くして」のうち，「辛抱強く」を用いれば最も多くの例が訳出可能となる。一方で，「気を長くして」は"耐心（de）+「待つ」系動詞"の一部用例でのみ使える可能性がある。「気を長くして」が使える場合には，辞書の訳語を離れて「気長に」を用いることもできる。

②一定の丁寧さが求められる命令文には，辞書の訳語は使えなくなる。この場合には，「そのまま」「（今）しばらく」などの表現を用いた訳出方法が考えられる。

参考文献

愛知大学中日大辞典編纂所（編）（2010）『中日大辭典』第 3 版　大修館書店.

伊地智善継（編）（2002）『白水社中国語辞典』白水社.

一般財団法人日本中国語検定協会「出題内容」　http://www.chuken.gr.jp/tcp/grade.html（最終閲覧：2020 年 3 月 2 日）.

関西大学中国語教材研究会（編）（2009）『キクタン中国語【初中級編】中検 3 級レベル』アルク.

小池生夫（編集主幹），井出祥子・河野守夫・鈴木博・田中春美・田辺洋二・水谷修（編集委員）（2003）『応用言語学事典』研究社.

孔子学院総部 / 国家汉办（编制）（2015）『HSK 考试大纲 六级』人民教育出版社.

人民网"壮乡女殡工———记广西武鸣县殡仪馆党支部书记方英梅（优秀共产党员、先进基层党组织风采）"　http://www.peopledaily.com.cn/9806/23/current/newfiles/d1011.html（最終閲覧：2020 年 3 月 2 日）.

陕西省图书馆西安事变数据库"张学良送蒋介石回南京以后 "　http://www.sxlib.org.cn/dfzy/xasb/zygj/201705/t20170525_718779.html（最終閲覧：2020 年 3 月 2 日）.

張麟声（2016）『汉日对比研究与日语教学』高等教育出版社.

張麟声（編）（2019）『中文日訳の基礎的研究（一）』日中言語文化出版社.

北京商務印書館・小学館（編）（2016）『中日辞典』第 3 版　小学館.

松岡榮志（編集主幹），費錦昌・古川裕・樋口靖・白井啓介・代田智明（編著）（2008）『超級クラウン中日辞典』三省堂.

姚斌・朱玉犇・孙婷婷（編著）（2016）『会议口译』外语教学与研究出版社.

用例出典（コーパスを除く）

絹川浩敏・胡玉華・張恒悦（2010）『新コミュニカティブ中国語 Level 2』郁文堂.

ことばと意味の研究会（編）（2019）『ことばを理解するしくみ―関連性理論で学ぶ意味の世界―』デザインエッグ社.

周平・陈小芬（編著）（2017）『新编日语（4 重排本）』上海外语教育出版社.

人民教育出版社日语室（編著）（2010）『新版中日交流标准日本语 中级词汇手册』人民教育出版社.

中文日訳の基礎的研究

文 法 篇

中国語"让"構文の日本語訳
—使役態、偽使役態、受身態を兼ねて—

胡　君平

要　旨

　中国語の"让"構文に関する中日翻訳研究，中日対照研究においては，これまで日本語の意味用法に重きが置かれ，"这本书让我找了三年""让人想起就开心"のような中国語特有の用法と構文はあまり注目されてきませんでした。本稿では『中日対訳コーパス』などの対訳例を調査し，ヴォイスの事象構造と仕手の働きかけに焦点を当て，"让"構文を8種類の使役態，3種類の偽使役態，2種類の受身態に分け，意味用法別にその日本語訳を考察します。さらに，他動詞優先と視点逆転というすべての用法に共通する規則を提示します。考察の結果，使役態は仕手の働きかけが顕在的である場合は「させる」「てもらう」「他動詞」「自動詞」に，仕手の働きかけが潜在的である場合は「ようにいう」「命令＋引用＋言語行為」「ようにする」「させようとする」「てもいい」などに訳せることが分りました。一方，偽使役態は「よくも〜したな」「せいで」「ましょう」等に訳され，受身態は通常「される」「複合動詞される」「自動詞」に訳されることが明らかになりました。
キーワード："让"構文，ヴォイス，他動詞優先，視点逆転

一　はじめに

　中国語には「主語＋V1＋兼語＋V2」という兼語述語文があり，使役の意味をなすV1としては"使，叫，让，令"があげられます（张斌2010）。そのうち，"让"構文は最も用法が広く，使用率が高いことがしばしば指摘されます（中島悦子2007，高橋弥守彦2012など）。吴大纲（2014:115）では"让"構文の扱いについて，下記のような記述があります。

　「让字句」は受身表現の一役も買うかたわら，使役表現の中で中心的な

役割を果たしているし，「授受表現」のなかでも欠かせない存在になっていることから，大事に扱われなければならないものである。

　例えば "东西让朋友搬走了" のような文は，使役，受身，授受のいずれの意味もとることができます。以上のことから，"让" 構文は中国語のヴォイスを検討する際に避けられない最も中心な構文の１つであることが分かります。しかし，中国人日本語学習者は日本語と中国語の使役文を対訳する際，日本語の使役文の表現形式と構文を重要視しすぎる傾向があります（顧伟 2006:25）。同様に，中日使役文に関する翻訳研究，対照研究においても，日本語の使役文の意味用法に重きが置かれ，"这本书让我找了三年"（この本を，私は３年間も探していた）"让人想起就开心"（思いだすと嬉しくなる）のような中国語特有の用法と構文はあまり注目されてきませんでした。

　本稿ではヴォイスの事象構造と仕手の働きかけに焦点を当て，"让" 構文を使役態，偽使役態，受身態に分けた上で，意味用法別にそれぞれふさわしい日本語訳を検討します。

　なお，本稿では "让座, 让路, 让位"（席を譲る，道を譲る，地位を譲る）など，本動詞「〜を譲る」として働く "让" は考察の対象外とします。

二　先行研究

2.1　中日辞典と中国語文法書による記述

　『日汉汉日词典』（2002）では，"让" の中心的な用法を取り扱い，その日本語訳を次のように記述していますが，詳しい説明は行われていません。

> ①譲る：＊〜路｜道を譲る．②譲り渡す．③もてなす，すすめる：＊〜酒｜酒をすすめる．④…させる．◆兼語文をつくる（同 [叫]）：＊爸爸不〜我去｜父が行かせない．＊〜我们想想｜皆で考えてみよう．
> 　―介（口）…される（同 [被]）：＊行李〜雨淋湿了｜荷物は雨でずぶ濡れになった．

（『日汉汉日词典』汉日词典 p.478）

　『中国語文法教室』（1994）は，Lesson33 の使役文と Lesson34 の被動文で "让, 叫" に言及しています。使役文の節では，「"叫""让""使" はすべて「させられる側 / 許される側」を導くための成分ですが，述語が「動作的」な場合は "叫""让" を使い，「状態変化的」な場合は "使" を用いる傾向にあります」

と記述し（『中国語文法教室』p.190），"让"構文を5例あげ，その日本語訳として「させる」と「ように言う」のみ提示しています。一方，被動文の節では，「事態を引き起こす側を導く前置詞には，"被"以外になお"叫"と"让"があり，"被"は主に書面語に用い，"叫"と"让"は主として口語で用います」と記述（『中国語文法教室』p.194）し，2例の"让"構文をあげ，その日本語訳として「られる」と「他動詞」のみ提示しています。

『中国語用例辞典』（現代漢語八百詞日本語版）（1992）では，"让"の意味用法を「動詞」と「介詞」に二分し，比較的詳細な記述が展開されています。まず動詞としては「①譲る」「②譲る，人に勧める」「③わきへよける」「④所有権あるいは使用権を譲り渡す」「⑤…させる，許容する，勝手にさせる」の5つの用法，「介詞」としては「…に（…される）（＝被）：動作の主体を導く」の用法が取り上げられ，そのうち動詞の⑤と介詞の部分が本稿の取り扱う対象にあたります。動詞の⑤には，動作主体の指示，許容，願望を表す"让"構文（8例）の日本語訳として，「させる」「と言う」「しよう」が提示されています。介詞には，「直接受身」「持ち主の受身」を表す"让"構文（7例）の日本語訳として，「られる」「能動文」が提示されています。

上記で概観してきた辞典及び中国語文法書は，"让"構文について主な用法とその日本語訳を提示していますが，"这本书让我找了三年"（この本を，私は3年間も探していた）"谁让你不老实呢"（大人しくないからいけないの）などの周辺的な用法には言及していません。また，明確な意味用法の分類が行われておらず，さらに詳しく検討する余地があります。

2.2　中日対照に関する研究

中日使役文に関する対照研究は楊凱栄（1989）に遡ります。楊凱栄（1989）では"让"と「させる」以外にも，"叫"，"使"，一部の他動詞文，「てもらう」，「ように言う」等使役の意味合いを有する表現を幅広く取り扱っています。"叫""让""使"と「させる」について，共通性，構文，意味，使役者と被使役者の有情性という4つの点から比較し，日本語と中国語の異同と対応関係を考察しています。両言語の最も顕著な相違点として，日本語は被使役者の動作の実現を含意するのに対し，中国語は必ずしもそうではないということ（例：我让他去，可他没去。＊彼を行かせたが，彼は行かなかった。）が指摘されています。

楊凱栄（1989）では柴谷方良（1978）に倣い，使役文の用法を「誘発」と「許

容」に二分しているのに対し，孫艶華（2001），米麗英（2005），林彬（2006）はこれとは異なる意味用法の分類を行っています。その中でも代表的な孫艶華（2001）は『日本文法大辞典』の分類に基づき，7 タイプの「させる」構文と "使，令，叫，让" との対応関係を整理しました。孫艶華（2001）では，①強制，②許可，③放任以外の場合（例：⑤「A, 有情物の無意志的な動作」は対応するが，「B, 非情物の動作」は対応しにくい），両言語は必ずしも対応するとは限らないことを明らかにしました。このように，多くの中日対照研究は日本語の使役文の意味用法に基づいており，中国語特有の用法や構文，また受身など，使役以外の用法に対する考察は十分であるとは言えません。中島悦子（2007：131）は，中国語は「文法的カテゴリーが極めて未分化であり，各々が重なり合い，文脈によって使い分けられているに過ぎない」と指摘はしているものの，それ以上深く言及していません。

連語論の視点からの研究としては，高橋弥守彦（2013）があげられます。高橋弥守彦（2013）では，「仕手の影響による受け手の使役行為」という「使役のむすびつき」を設け，中国語と日本語の使役文はともに「仕手（主体）＋仕手の影響による受け手の使役行為」という意味構造をなし，仕手が受け手に働きかける場合，受け手が仕手に許可を求める場合，仕手からの影響による場合の 3 つの用法に分けられると主張しています。しかしながら，高橋弥守彦（2013）は「使役のむすびつき」に焦点を当てているため，"让" 構文の意味用法については詳しい考察が行われていません。

2.3 　中日翻訳に関する研究

翻訳の角度から "让" 構文を検討する研究に，顧偉（2006），呉大綱（2014），陶振孝・趙暁柏（2012），苏琦（2019）などがあげられます。

顧偉（2006）は日本語と中国語それぞれの作例に，相応しいと思われる対訳を提示し，翻訳の角度から日中の使役表現の対応関係とその訳し方を検討しています。顧偉(2006)では，"使""令""让""叫" の日本語訳を，「直訳」(「させる」)と「意訳」(「てもらう」「ように言う」「ように言われる」「させてもらう」)に二分できると指摘し，「意訳」すべき文については，「させる」を使った「直訳」だと日本人の話し方の習慣に合わない，硬く感じるなどの理由をあげています。しかし，どのような場合に，どのような "让" 構文は，「意訳」されなければならないのかなどの詳細については検討していません。

　吳大纲（2014）は中日翻訳の文法書で，使役文と受身文の節で " 让 " 構文を扱っています。使役文としては，積極的に働きかけるもの（指示）と消極的に働きかけるもの（放任）については「させる」「てもらう」「させておく」，授受的な意味合いを表すものについては「させてくれる」と訳すことができると指摘しています。受身文としては，中国語の例文 2 例と能動文の日本語訳を提示してはいるものの，それに対する考察は行われていません。

　陶振孝・赵晓柏（2012）は実用性を考慮した中日翻訳の研究著書の中で，" 让 " 構文の日本語訳について比較的詳しく考察していますが，受身の意味用法については言及していません。陶振孝・赵晓柏（2012）は，" 让 " 構文の日本語訳は次の 5 タイプに分けられるとしています。①「～を / に～させる」（使役者が被使役者に対して指示命令を出す場合），②「～てもらう」（尊敬の意を表す兼語文または命令の態度を避ける場合），③「～させてやる・くれる・もらう」（許容の意を表す場合），④「～よう（に）・～ないよう（に）～する」（後半が目的，前半が方法・手段を表す場合），⑤「ようにと言う」（説話内容を表す兼語文）。

　" 让 " 構文の日本語訳について最も詳しい論考としては苏琦（2019）があげられます。苏琦（2019）では使役，受身を表す " 让 " 構文を取り扱い，日本語訳の文法構造を 7 タイプにまとめています。①Ｎヲ / ニＶサセル（最も基本的な使役文）②Ｎガ / ニＶヨウ（ニ）（目的複文の主節）③ＮニＶヨウニト言ウ（言葉を用いて間接的に指令を表す）④ＮニＶテモラウ / テイタダク（謙讓あるいは恩恵を受ける場合）⑤Ｎカラ / ニＶサレル（被使役者の角度から客観的結果を受ける場合）⑥Ｎガ / （ニ）ハＶ（2 つ目の述語動詞は心理活動）⑦（Ｎガ）Ｖカラ（イケナイ）（反語文的で，叱責の意味）

　陶振孝・赵晓柏（2012）では " 让 " 構文の 5 つの意味用法，吳大纲（2014）では 3 つの意味用法，苏琦（2019）では 7 タイプの訳し方に分類していますが，" 这本书让我找了三年 "（この本を，私は三年間も探していた）" 让我们荡起双桨 "（しぶきを上げて漕ぎ出そう）など，これまでに言及されていない周辺的な用法があり，また「ように言う」に相当する「してくれと頼む」などに翻訳可能な形についても，さらに検討を深める必要があります。

三　" 让 " 構文の事象構造について

　中国語の使役文に関する研究で，事象構造，使役範疇を中心に検討した論考

43

としては，沈家煊（2003），周紅（2005）などがあげられます。沈家煊（2003：17）では，現代中国語の「動補構造」は「マクロ事象＝主事象＋副事象」（Macro-event＝Motion event＋Co-event）という運動事象の段階構造を持つと述べています。使役文も「動補構造」と同様，一種の運動事象として時間の前後があり，主要なものと副次的なものがあるため，本稿では"让"構文において事象構造が2つある場合，主事象と副事象に二分します。

　周紅（2005：1）は，これまでの使役に関する研究は構文の面から意味について考察されてきましたが，「範疇」という角度からの研究がなされてこなかったと指摘しています。そこで認知言語学の研究理論に基づいて，中国語の使役文の認知，機能，語用的特徴を検討し，正方向使役／逆方向使役，主体原因／客体原因／事象原因，意図的使役／非意図的使役，対外使役／再帰使役，積極的使役／消極的使役など8種類の使役範疇を提言しています。これらの分類は，その命名からも分かるように，仕手の働きかけの特性に注目したものとなっています。"让"構文は仕手の働きかけの有無や顕在性，潜在性といった特性によって，その日本語訳の表現形式が異なるため，本稿でも仕手の働きかけの特性を考慮に入れることとします。

　"让"構文は使役，受身，願望などの意味機能を担っています。通常，使役文の事象構造は因果関係のある2つの事象から成り立ちますが，"苹果被他吃了"のような一部の受身文は1つの事象のみを表すため，事象構造は単一事象として，前半の受手と後半の仕手に二分することができます。以上のことを踏まえて，本稿では沈家煊（2003）の事象構造を参考に，"让"構文の事象構造を主事象，副事象，仕手，受手の4要素で示します。また周紅（2005）の使役範疇の分類を参考に，"让"構文の仕手の働きかけの特性を顕在的，潜在的，逆方向的，無しの4種類に分類します。記述の便宜を図るため，次節以降の論述において，表1に示す簡略記号や文字を使用することがあります。

---

1) 沈家煊（2003）は現代中国語の「動補構造」を主として取り扱っていますが，一部の使役文も含まれます。

2) 沈家煊（2003：17-18）では，"瓶子漂出岩洞"（ボトルが岩穴から流れ出てきた）"妈妈晾干了衣裳"（母は洗濯物を干して乾かした。）といった中国語の動捕構造には，"宏事件（Macro-event）＝主事件（Motion event）＋副事件（Co-event）"という運動事象の段階構造（层次结构）が含まれると主張しています。

44

表1 "让"構文の事象構造における主な要素

事象構造	仕手の働きかけ
主E: 主事象	顕→ ：顕在的な働きかけ
副E: 副事象	潜→ ：潜在的な働きかけ
仕手：N1	逆← ：逆方向の働きかけ
受手：N2	無···➤：働きかけ無し

　次節以降，ヴォイスの事象構造と仕手の働きかけに焦点を当て，"让"構文の日本語訳について検討します。考察に使用する例文で特に出典が示されていないものはすべて『中日対訳コーパス』による中国語原文と日本語訳です。なお，当コーパスの日本語訳には文字抜けや非文が散見されますが，該当箇所には（ママ）を付して，コーパスの原文をそのまま引用することとします。

四　使役態の"让"構文の日本語訳

　使役文について，日本語記述文法研究会（2009:257）では次のように定義しています。

　　使役とは，対応する能動文に含まれていない人や物を主語として，能動文の表す事態の成立に影響を与える主体（使役者）として表現するものである。
　文の主語である仕手（以下「N1」と称することがある）から受手（以下「N2」と称することがある）に向かって，顕在的あるいは潜在的な働きかけが見られる場合，通常"让"構文は使役の意味を表します。

4.1　顕在的な働きかけの場合

　仕手の働きかけが顕在的である場合，使役の事象構造としては，構文の前半が副次的な事象，後半が主要な事象となります。つまり，"让"構文の焦点は後半にあります。「指示許可」「心理誘発」「他動」「客体原因」という4つの用法がこれにあたり，次のような事象構造を持ちます。
　　事象構造1：N1-副E ──顕──→ N2-主E

①指示許可
　　（1a）她打了一盆温水洗了脸，又让妹妹拾她的剩水洗了洗。
　　（1b）彼女は洗面器にぬるま湯を汲んできて顔を洗い，残り水で静宜に洗

わせた。
（2a）我困了，我想睡觉，为什么<u>不让我睡觉</u>啊。
（2b）僕，眠いんだってば，なぜ<u>寝かせてくれない</u>の。

　（1a）が示すように，彼女は妹の静宜に顔を洗うように指示し，N2 の妹がその指示に従い，行為を行ったことがわかります。（2a）では，私が眠ろうとして，聞き手が私の行為を許可，放任しないため，結局 N2 の私は行為を実行できませんでした。このような N1 の「指示許可」を表す使役文では，N2 の行為に関わる後半部分が焦点化され主事象となり，N1 の行為に関わる前半は副事象となります。一般的に，N1 と N2 の関係は「先生」対「学生」，「親」対「子供」，「上司」対「社員」など，上下関係となっています。楊凱栄（1989），中島悦子（2007）などで指摘されているように，このような「指示許可」を表す "让" 構文は基本的に「させる」構文と訳されます。

②恩恵授受
　（3a）"快让<u>大泉哥给挑选挑选</u>，看宣传哪段合适。"
　（3b）「どれを宣伝したらいいか，<u>大泉さんに選んでもらおう</u>」
　（4a）静宜边哭边说，"今天请各位来本是为了酬谢大家，<u>让大家高高兴兴</u>。可我有几句话不能不说，我请你们主持公道，我请你们原谅我的冒昧。"
　（4b）静宜は泣きながら言った「本日，皆様にお出で頂きましたのはお礼を申し上げる為，<u>皆さまに楽しんで頂く</u>ためでございました。でも一言申し上げずにはいられません。どうか正義の側に就き，私の無礼をお許しください」

　（3a）（4a）の表す意味は「指示許可」とほぼ変わりませんが，N1 と N2 の人間関係または授受利益の事情が異なります。（3a）の N2 は「大泉兄さん」であって，話し手より立場がやや上で，しかも「大泉兄さんが選んでくれる」ように依頼し恩恵を受ける意味合いを表します。このような「恩恵授受」を表す "让" 構文，つまり N2 は尊敬すべき相手（あるいは地位の高い相手），または N1 が N2 から恩恵（あるいは利益）を受ける場合の "让" 構文は，「させる」ではなく，授受表現の「～てもらう / ていただく」と訳さなければなりません。

③心理誘発

（5a）他还要赶快回村，向那个正在着急的高大泉报告这个胜利的消息，也让他满意满意。

（5b）なにしろ早いとこ帰って，この勝利のしらせを，まだ頭を痛めているにちがいない高大泉に話して喜ばせてやらなければならなかった。

（6a）我们不能让好人难受，更不能让坏人称心解恨。

（6b）わたしたちいい人たちを悲しませちゃいけないし，悪人どもにざまあみろなんて言わせたくないのよ。

　（5a）では彼が勝利のしらせを高大泉に話すことによって，N2 の高大泉が喜ぶという心理変化が起こることを意味します。（6a）では私たちがなんらかの行為によって，いい人たちが悲しむという心理変化が起こることを意味します。このような N1 の「心理誘発」を表す使役文では，後半の N2 の心理変化が焦点化されて主事象となり，前半の N1 の行為（往々にして省略される）が副事象となります。このような「心理誘発」を表す " 让 " 構文は基本的に（5b）（6b）のように「させる」構文と訳すことができます。

　また，次の（7b）（8b）のように能動文あるいは形容詞述語文に訳すこともできます。

（7a）最让我吃惊的是，窗前的小柳树不知什么时候被拦腰撅断了。

（7b）一番驚いたのは窓の前のヤナギが，ばっさり切られていたことだ。

（8a）" 詹姨，这少说也得好几块吗？您不是早就送过礼了吗？又买这个——真让人过意不去！"

（8b）「おばさん，これ高いんでしょ？いいんですか，いただいて。もうお祝いはいただいたのに，悪いわ」。

　中国語では，（7a）（8a）のように，N2 が一人称または " 人 " である " 让 " 構文が少なくありません。一方，日本語では「このことは私を感動させた」のような使役文は，外国語直訳調の感じがすると佐治圭三（1992）は指摘しています。（7a）の " 让我吃惊 " に対して，（7b））は自動詞の「驚いた」が対応し，（8a）の " 让人过意不去 " に対して，（8b）は形容詞の「悪い」が対応します。

　さらに，（9a）（10a）のような，N2 に関する描写が単なる心理変化ではなく，「知覚動詞＋心理変化」のようなやや複雑な構造を持つものもあります。

（9a）　他是绷紧了肌肉和神经而笑的。<u>让人看着觉得难以忍受。</u>

（9b）　顔の筋肉は硬ばり，全身の神経をビリビリさせながらの笑いながら，<u>見ている方が辛くなる</u>。

（10a）她们的皮肤都偏黑，但杏儿的皮肤是黄中带黑，毛孔粗大，<u>让人一见便意识</u>到那是同农村的光照，沃土，劳作分不开的。

（10b）２人とも色が黒い。だが，杏児の皮膚は，黒みがかった黄色で，毛穴が大きく，田舎の日さしや，野良仕事のせいだ<u>ということがすぐわかる</u>。

　（9a）では「見たら」「辛くなる」，（10a）では「見ると」「分かる」ことを表しています。このような「知覚動詞＋心理変化」の "让" 構文は，「させる」ではなく，自動詞を用いた能動文に訳されます。

④他動

　日本語記述文法研究会（2009:268）によると，「他動的使役文とは，使役文のこうした性質[3]を利用して，対応する他動詞をもたない自動詞から，他動詞と同様の文型をもつ文を作りだすものである」と言います。"让" 構文も「他動」用法を持っています。

　（11a）等我长大了，我一定好好地孝顺你，让你过<u>好日子</u>。

　（11b）僕が大きくなったら，きっと親孝行したげる，<u>幸せにしてあげる</u>。

　（12a）用作废了的图章骗她戏弄她让她<u>丢人</u>现眼。

　（12b）無効の印鑑で<u>大恥をかかす</u>という。

　（11a）（12a）では N1 の「親孝行する」「無効の印鑑を使う」といった行為により，N2 は「幸せに暮らす」「大恥をかく」という状態変化が起こることを表します。使役文の主事象は N2 の状態変化を表す後半部分です。他動詞相当の使役文であるため，N2 の状態変化を表す中国語の自動詞に対応する日本語の他動詞があれば，（11b）（12b）のように日本語の他動詞文が優先されます。

　一方，中国語の自動詞に対応する日本語の他動詞がない場合は，自動詞を用

---

3)　本語記述文法研究会（2009:267-268）：使役文は，文の構造という観点から見れば，ある事態に関わる項を１つ増加させるという文法的特徴を持つ。そのため，元の動詞を自動詞とする使役文の場合，結果的に，他動詞と同じ文型を作り出すことになる。

いて他動詞文と同じ文型を作りだす必要があり，例えば（13b）（14b）のように「自動詞＋ようにする」「自動詞＋させる」と訳されます。

　　（13a）你成心让咱们家团不成圆是不？

　　（13b）わざと一家だんらんできないようにするつもりじゃないだろうね。

　　（14a）显示一次你们的灵验吧！让我的家我的亲人和睦起来！

　　（14b）一度霊験をお見せ下さい！あたしの一家を仲良くさせて下さい！

⑤客体原因

　　周红（2005）では "那个瓶子摸了我一手油。"（その瓶を触ったら，手が油だらけになった）"我看了一天的书，看我头晕眼花"（丸一日，本を読んでいたら，目まいがしてきた）のような文を「客体帰因」（本稿では「客体原因」と称する）という使役範疇に入れています。"让" 構文も「客体原因」用法を持っています。構文的特徴としては，被使役者の動作の客体が先頭に立ち，使役者になるところが興味深いと言えます。

　　（15a）《晚报》上的一条国内消息让我看了好久。（CCL）

　　（15b）私は長らく『夕刊』のある国内報道を読んでいた。（筆者訳）

　　（16a）那是一张贴在刑警队的通缉令专栏里让她看了两年多的脸。（CCL）

　　（16b）それは警察の指名手配欄に貼られていて，彼女が 2 年以上見てきた顔だった。（筆者訳）

　　（15a）（16a）のような「客体原因」を表す "让" 構文は，従来の中日翻訳，中日対照研究では殆ど言及されていません。（15a）はびっくりさせられるような国内記事が原因で「私」は長い時間それを読んでいたことを表し，（16a）はその顔写真が指名手配欄に貼られていることが原因で，彼女がそれを 2 年以上見てきたことを表します。このように「客体原因」の使役文は，客体の特殊性が原因，被使役者が長期間ある動作行為を行ったことを表しています。日本語の「させる」構文にはこの用法がないため，「客体原因」を表す "让" 構文は（15b）（16b）のような他動詞文として訳されます。

　　上述の「指示許可」「心理誘発」「他動」「客体原因」を表す "让" 構文は，結果キャンセル文を伴うことができません。例えば "*让他大吃一惊，但他并没吃惊"（彼を驚かせたが，彼は驚かなかった）"*让他过上了好日子，他没过上好日子"（彼を幸せにしてあげたが，彼は幸せにならなかった）などの結果キャンセル文は

非文になります。したがって，この 4 種類の “让” 構文では，仕手の働きかけが顕在的で，N2 の行為（あるいは状態変化）を表す後半部分が主事象であることが分かります。

4.2 潜在的な働きかけの場合

　仕手の働きかけが潜在的である場合，使役の事象構造は，構文の前半が主要な事象で，後半が副次的な事象となります。つまり，“让” 構文の前半部分が焦点化されます。「間接命令」「行為目的」「行為規定」という 3 つの用法がこれにあたり，次のような事象構造を持ちます。

　　事象構造 2：N1- 主 E $\xrightarrow{\text{潜}}$ N2- 副 E

⑥間接命令

　類型論の角度から見ると，使役文は大抵 V2（N2 の行為）の実現を意味しますが，中国語の “让” 構文はそうとは限りません。荒川清秀（1976）ではこの現象を “命令句の間接化” と称していますが，本稿では省略して「間接命令」と呼びます。

　　（17a）李培林同志说，<u>让咱们这回来跟工人学习</u>，这也是应当学习的一门课。
　　（17b）李培林同志は，<u>労働者から学んでくるように言ってた</u>が，これもそのうちの 1 つだ。
　　（18a）父亲又说：“<u>让你们准备好！</u>”
　　（18b）父はくりかえした。「<u>ちゃんと準備しろって！</u>」

　楊凱栄（1989:65）は，このような “让” 構文は，日本語では「させる」ではなく，「～ようにいう」とか「～しろという」のような形で対応すると指摘しています。（17b）（18b）がその例です。また，「言う」のほか，（19b）（20b）の「～てくれと頼む」「～くれるように依頼する」のような複合表現に訳すこともあります。

　　（19a）余司令招兵买马时，她把王文义送到我家，<u>让奶奶帮着说情</u>，留下王文义当游击队员。
　　（19b）余司令が兵隊を募集すると、彼女はうちまで王文義に付き添ってきて、夫を遊撃隊に入れてくれと<u>祖母に口ききを頼んだ</u>。
　　（20a）他<u>让区委书记请一些老人给我们讲天云山的历史</u>，讲革命斗争史，又

　　　　让熟悉情况的群众给我们指路，参加考察。
（20b）彼は区委書記に，老人達が我々に天雲山の歴史や革命闘争史を語っ
　　　　てくれるよう，またここらに詳しい一般民衆が我々を案内し，調査
　　　　に参加してくれるよう，依頼したのだ。

　　このような「間接命令」を表す "让" 構文は，「言う」などの N1 の言語行為
が焦点であり，N2 が N1 の命令通りに動作が実現する可能性もあれば，実現
しない可能性もあります。よって，仕手の働きかけは顕在的なものではなく，
潜在的なものであると言えます。「間接命令」を表す "让" 構文は，「させる」
と訳すことができず，「してくれ」「しろ」「しなさい」などの命令表現，「と」「っ
て」などの間接引用表現，「言う」「頼む」「依頼する」「催促する」などの言語
行為の 3 要素を組み合わせた「命令＋引用＋言語行為」の形として訳されるの
が一般的です。なお，「電話するようにって」「買いなさいって」のように言語
行為が省略された形で訳されることもあります。

⑦行為目的
　　（21a）荀師傅想了想，欲说又止，摆摆手，让她骑车去了。
　　（21b）荀師傅はちょっと考え，何か言おうとしたが，すぐ思い止まり，手
　　　　　をふって，先に行くようにと合図した。
　　（22a）演出在广场上，没有扩音器。为了让大家都能听到，老师找了四对 "兄
　　　　　妹" 一起 "开荒"。
　　（22b）広場で拡声器なしで演ったっけ。みんなによく聞こえるように、先
　　　　　生は「兄妹」を 4 組も作っていっしょに「開墾」させた。

　　「行為目的」を表す "让" 構文は，「間接命令」と同じく，N1 の行為が焦点で
あり，N2 が N1 の意図の通りに動作が実現する可能性もあれば，実現しない
可能性もあるため，N1 の行為を表す前半部分が主事象となります。（21a）で
は荀師傅が手を振るという行為（波線の部分）をするのは，彼女を行かせるた
めであり，（22b）では先生が「兄妹」四組を作るという行為（波線の部分）を
するのは，みんなによく聞こえるようにするためです。本稿ではこの用法を「行
為目的」と称します。このような「行為目的」を表す "让" 構文は（21b）（22b）
が示すように，その多くが「～ように・・・する」と訳されます。

51

また，（23b）（24b）のように，「主体が動きの実現をめざして行動を起こしていることを表す」（日本語記述文法研究会 2009：171）「（し）ようとする」と「させる」を組み合わせ，「〜させようとする」に訳すこともできます。

(23a) 她说话的时候有点笑嘻嘻，但两只眼睛不依不饶地盯着别人，过分热情地<u>非让别人信她的话不可</u>。

(23b) お話をする時はニコニコしながら，両の目はピタと相手の目をみつめ，異様な熱心さで<u>自分の話を是が非でも相手に信じさせようとする</u>。

(24a) 也不许给孩子起乳名，他要正正经经唤他的名字，<u>要让他从小知道自己的人格的独立，姓名的独立</u>。

(24b) 子供に幼児名を付けることも許さず，正式にきちんと姓名を呼んで，<u>小さい時から自己の人格の独立と姓名の独立性を分からせようとした</u>。

⑧行為規定

(25) 车厢里　　不让　　　抽烟。（CCL）
　　　車両の中では<u>喫煙禁止</u>となっている。

(26) 拍出了的　电影　都　　只能　　在国外　放。　<u>中国　不让　看</u>。
　　　（CCL）
　　　撮影した映画はみな海外のみで<u>上映</u>できる。中国では<u>見ることが禁じられている</u>。

　中国語では（25）（26）のような "让" 構文がよく見られますが，「させる」構文に訳すと，多少意味のずれが出てきます。「車両の中で喫煙させない」，「中国では見させない」は使役者の「指示許可」を表すのに対し，(25)（26）の "让" 構文では，「車両」「中国」といった一定の場所或いは範囲において，特定の人を対象に，「喫煙禁止」「上映禁止」など行為を規定することを表しています。「指示許可」と違って，「行為規定」の場合は N2 の動作実現が確認できず，仕手の働きかけが潜在的で，文の前半部分が主事象となります。「行為規定」を表す "让" 構文の日本語訳は（25）（26）（27b）のように，否定文では「禁止」「だめ」などの表現になります。一方，肯定文なら「てもいい」「できる」などと訳されることができます。

(27a) 由于他年龄过小，刚一进阅览室就听到声严厉的警告："<u>小孩儿不让进</u>。"

52

（27b）年が小さすぎるので，閲覧室に足を踏み入れた途端に厳しい声が飛んできた「子供はダメよ」。

　上述した「間接命令」「行為目的」「行為規定」を表し，仕手の働きかけが潜在的である " 让 " 構文は，仕手の働きかけが顕在的であるものとは異なり，結果キャンセル文を伴うことができます。例えば " 让他不要去, 但他还是去了 "（行かないように言ったのに，彼はやはり行った。）" 博物馆里不让拍照, 但小孩子不知道还是拍了。"（博物館では撮影禁止だが，子供は知らずに撮影した）。したがって，この 3 種類の " 让 " 構文では，仕手の働きかけが潜在的で，N2 の行為実現が確認できず，N1 の働きかけを表す前半部分が主事象であることが分かります。

五　偽使役態の " 让 " 構文の日本語訳

　仕手から受手への働きかけが見られず，また仕手がそもそも存在しないにも関わらず，文法構造が使役文とほとんど変わらない " 让 " 構文を，本稿ではヴォイスの視点から仮に「偽使役態」と称します。

　　事象構造 3 ：(N1)$\cdots\cdots\overset{無}{\cdots\cdots}$>N2- 主 E

⑨叱責

『中国語文法教室』（1994:191）は Lesson33 使役文の「関連事項」で " 我叫你逃学！我叫你逃学！"" 我叫你穿！我叫你穿！" を取り上げ，「意図をストレートに表現すれば " 我不许你……！"（私はお前に……することを許さない）なのですが，" 我叫你……！" と言うことによって，遙かに厳しい叱責表現ができあがります」と解説しています。

（28）" 好家伙，还敢　　顶嘴翻案，　我　让　　你　不老实！"
　　　こいつ　なんて　口答えする　　私　させる　君　大人しくない
　　　一皮带　飞来，　郭建英 " 哑巴 " 了。(CCL)
　　　ベルト　飛んでくる　郭建英　唖者　した
　　　こいつ，口答えするなんて。よくもこんなことしたな。

（29）" 我　让　你　叫！" 一口气　给了　　他　十几　　棍子。(CCL)
　　　私　させる　君　叫ぶ　一気に　やる　彼　十何回　棒
　　　" 叫んでみろ！" 一気に十何回も棒で彼を殴った。

（28）（29）の"让"構文は同じく「叱責」の意味合いを表しています。N1が一人称の場合に限り，省略されることもあるが，N2に対する働きかけが一切見られません。このような場合，その日本語訳に「させる」は使えず，「よくも……したな」「〜てみろ」のような仕手の叱責，怒りを表す表現が用いられます。

⑩起因

　苏琦（2019:194）では"谁让你不听话"（言うことを聞かないから（いけないの）だよ）"谁让你借钱的"（借金するから（いけないの）だ）のような文は，反語的で，被使役者の行為に対する使役者の叱責を表すと指摘しています。しかし，（30a）（31a）は必ずしもそうではありません。

　　（30a）罢罢！你爱听也罢，不爱听也罢，<u>谁让咱们是乡亲呢</u>？远亲不如近邻，近邻不如对门。

　　（30b）まあまあ，あんたが聞く耳持とうと持つまいと，<u>同郷人に生まれたが身の因果</u>よ。遠い親戚より近所隣り，近所よりお向い，といいますろ。
（ママ）

　　（31a）<u>谁让她天生一副笑模样儿呢</u>，像生气，又像笑。

　　（31b）だが<u>生まれつきほほ笑んでいるような顔立ちのせいで</u>、怒っているようでもあり、笑っているようでもあった。

　（30a）では「あんたが聞く耳を持とうと持つまいと」とありますが，話し手がN2に対して批判またはアドバイスなどをしたことが推測できます。話し手がそうした起因は二人が「同郷人」の関係にあることを説明しています。（31a）ではN2が「怒っているようでもあり，笑っているようでもあった」のはN2が「生まれつきほほ笑んでいるような顔立ち」にあることを根拠として説明しています。（30a）も（31a）もN1は不特定の「誰」で，N2に対する働きかけが一切見られません。下線部の"让"構文は使役者の叱責というより，今目の前にある事柄を引き起こした起因を表しています。このような「起因」を表す"让"構文の日本語は「〜のせいで」「〜から」「故に」「因果」などの「起因・根拠」を表す表現が対応します。

⑪願望

　一般的に " 让 " 構文は N1 を欠くことができません。しかし，次の（32a）（33a）（34a）では N1 が存在せず，補足することもできないため，仕手の働きかけがないことが分かります。

　（32a）《让我们荡起双桨》，维娜，你有歌本吗？

　（32b）『しぶきを上げて漕ぎ出そう』。维娜、あんた楽譜持ってる？

　（33a）我多么想向你说：" 让我们一起创造吧！我们不应等待！"

　（33b）「ともに造り出そうじゃないか。ぼくらは待っていてはだめなんだ！」

　（34a）小龙比他爸爸动作快，已经从屋里抱起一棵越冬的白菜，摇摇晃晃地往外走着，连声喊：" 我也去，我也去。不，让我抱着，我抱得动！"

　（34b）小竜は父親よりすばしっこい。たちまち家の中から冬越しの白菜を一つかかえ，よたよたしながら外へ出た。「ぼくもいく，ぼくもいく，いや！ぼくがもつ，もてるってば！」

　（32a）（33a）では N2 は「私たち」であり，（34a）では N2 は「僕」であり，いずれも一人称です。そして，述語は「漕ぎ出す」「造り出す」「やる」のような意志動詞に限られ，その多くは語気詞の " 吧 " を伴います。（32a）（33a）（34a）は「ともに子舟を漕ぎだす」「ともに造りだす」「私がやる」ことを一人称である N2 が願望していることを表します。（32b）（33b）（34b）のように，「願望」を表す " 让 " 構文は，日本語では「私に〜させてほしい」という直訳よりもむしろ，「ともに〜ましょう」「しようじゃないか」「〜します」などの能動文として訳されます。

　一方，まれに N2 が一人称ではない " 让 " 構文もあります。次の（35）は話し手が「猛烈に降る」というコントロールできない事態を望んでいることを表します。N2 は一人称ではなく，「嵐」のような非情物です。この場合，" 让 " 構文は「もっと激しくなれ」のような祈念を表す命令文に訳すことができます。

　（35）歌者 说，　让 暴风雨　来得 更　猛烈　吧！（CCL）
　　　　歌手 言う　させる 嵐　来 さらに　猛烈に　語気詞
　　　　歌手は言った。嵐よ，もっと激しくなれ！

六　受身態の"让"構文の日本語訳

受身文について，日本語記述文法研究会（2009:213）では次のように定義しています。

　　受身とは，能動文の主語であった名詞を主語とするのではなく，動作による働きかけや作用を受ける人や物を主語として文を構成することである。

文の主語である受手が仕手から顕在的あるいは潜在的な働きかけ（作用）を受けた場合，"让"構文は受身の意味合いを持ちます。

6.1　潜在的な働きかけの場合

主語である受手が仕手から潜在的な働きかけを受けることを表す"让"構文の事象構造は次のような単一事象です。

　　　　事象構造4：N2 $\xleftarrow{\text{逆・潜}}$ N1

⑫潜在影響

　（36a）恐怕起山当着这么多人的面把壶碗送给他，这不好看，容易让人家误会。

　（36b）こんな大勢の前で起山が湯のみを自分のところにもってきたらどうしよう。みっともないし，みんなに誤解されかねない。

　（37a）高大泉的胳膊让两只大手紧紧地抓住，随后又被用力地一抡，只觉得耳边空气"嗖"的一声响，已经被甩到路边。

　（37b）高大泉の腕は大きな手にガッチリつかまれ，思いきり投げとばされ，耳もとを風が切ったかと思うと道ばたにころがっていた。

　（38a）倪吾诚低声自言自语："愚昧，彻头彻尾的愚昧，简直象白痴……"他的声音自己也听不见，更不敢让别人听见。

　（38b）倪吾誠はブツブツとつぶやいた「馬鹿め、ド阿呆，白痴もいいとこだ……」彼の声は自分にも聞こえないほど小さく，まして人に聞かれてはならないものであった。

　（36a）（37a）（38a）では，"让"構文に対応する能動文の動作対象である物や事柄が，主語の受手として表現されています。N1はN2に対して，「誤解する」「つかむ」「聞く」といった行為をしたが，N2はそれを受けて顕在的な変化が見られず，仕手の働きかけが潜在的あることが分ります。このような「潜在影響」

を表す"让"構文は（36b）（37b）（38b）の「誤解される」「つかまれる」「聞かれる」のように，多くが受身表現の「られる」に訳されます。

　しかし，次の（39b）（40b）が示すように，仕手であるN1が一人称である場合「られる」に訳すと不自然になることもあるため，日本語では受身文より能動文と訳したほうが無難です。

　（39a）"忘了告诉你，那壶，让我给摔了……"

　（39b）「あのよう，言うの忘れてて。土瓶は前にわたしが割っちまって……」

　（40a）这孩子，还是不往心上放事，硬说这没啥了不起，让我给骂了一顿。

　（40b）あの子は相変わらず大ざっぱで，別段のことはねえって頑張るから，うんと悪態ついてやった。

6.2　顕在的な働きかけの場合

　主語である受手が仕手から顕在的な働きかけを受け，ある動作または変化が生じたことを表す"让"構文の事象構造は次の通りです。

　　事象構造5：N2-主E $\xleftarrow{\text{逆・顕}}$ N1-副E

⑬顕在影響

「潜在影響」とは異なり，次の例文ではN2がN1の働きかけを受けてから，顕著な影響または変化が生じることを表しています。

　（41a）"史太太吗？辛苦辛苦……我是谁，哟，您没听出来，准是让飞机的发动机的噪音给吵的，我是小赵……"

　（41b）「もしもし，史太々？お疲れさま……。僕，誰かって？おや，おや，お分かりにならない，飛行機のエンジンのせいかな。趙ですよ……」

　（42a）从来都是板着脸，瞪着眼，胆小的能让她吓哭了的。

　（42b）いつも怖い顔して目むいて，臆病な子は泣いちゃうくらい。

　（43a）整个会场都让他给喊"炸"了。

　（43b）満場はかれの叫びで蜂の巣をつついたようになった。

　（44a）"看看，多狠，咱这家，简直让他给搬空了！"

　（44b）「でも，ひどいじゃない。うちの方は，おかげですっからかんだわ」

（41a）（42a）では，有情物の N2 が「飛行機の騒音」「彼女の脅かし」とい
う働きかけを受け，「お分かりにならない」「泣いちゃう」という変化が起こっ
たことを表しています。一方（43a）（44a）では，無情物の N2 が「かれの叫び」
「彼の運搬」という働きかけを受け，「蜂の巣をつついた状態」「空っぽになった」
という変化が起こったことを表しています。上記の例はいずれも N1 の働きか
けが顕在的であると言えます。このような「顕在影響」を表す " 让 " 構文の日
本語訳は（41b）〜（44b）のように，「られる」より能動文が優先的に用いら
れます。

　また，（45b）（46b）の「吹き倒された」「突き崩された」のような N2 の動
作と N1 の変化を表す「複合動詞＋られる」の形に訳すこともできます。

　　（45a）五棵树让大风刮倒了三棵。（中国語文法教室 p.198 参考[4]）
　　（45b）5 本の木は [そのうち]3 本が大風に吹き倒された。（中国語文法教
　　　　　室 p.198）
　　（46a）堤坝让洪水冲塌了一部份。（中国語文法教室 p.198 参考[5]）
　　（46b）堤防は洪水に一部を突き崩された。（中国語文法教室 p.198）

七　共通規則の他動詞優先と視点逆転

　4 節から 6 節では意味用法別に，" 让 " 構文の日本語訳を考察してきました。
しかし，提示した日本語訳は大部分に適用されるとしても，例外は必ず出てき
ます。

　　（47a）酒？好吧，就要酒。四两？您喝酒吗？医生不让喝，那就二两。
　　（47b）酒か。まあいい，貰おう。4 両ですか？先生はいける方で？ああド
　　　　　クターストップ，じゃ 2 両だ。
　　（48a）" 燕宁，让我们来背一会儿吧。"
　　（48b）「燕寧、ちょっとあたしと替わってよ！」

　（47a）は " 喝 "（飲む）という動詞を用いているが，（47b）では「飲む」と
いう言葉が出現せず，「ドクターストップ」と訳されています。（48a）は " 背 "（背

---

4)　元の例文は " 五棵树叫大风刮倒了三棵。" である。" 叫 " を " 让 " と置き換えても意味は
　　変わらない。
5)　元の例文は " 堤坝被洪水冲塌了一部份。" である。" 被 " を " 让 " と置き換えても意味は
　　変わらない。

負う，おんぶする）という動詞が用いているが，（48b）では「替わる」と訳されています。

　このように，中国語と日本語の語彙，慣用句などの対応関係，常用表現などによって規則に当てはまらない訳し方も少なくないですが，大きく見れば，" 让 " 構文の諸用法に適用可能な「他動詞優先」と「視点逆転」という共通規則があるものと考えられます。

7.1　他動詞優先

　（49a）他把货郎鼓插在腰里，没让它响。

　（49b）彼は音をたてないように，でんでん太鼓を腰にさしていた。

　（50a）我们得心疼他，不能让他再多操心了。

　（50b）もうこれ以上大泉に心配かけねえように気をつけなくちゃだめだよ。

　（49a）（50a）の自動詞 " 响 "" 操心 " を用いた " 让 " 構文に対して，（49b）（50b）では他動詞を用いた「音を立てる」「心配をかける」という表現で対応しています。「音が鳴らないようにする」「心配させてはいけない」のように自動詞を用いた表現に訳すこともできますが，多くはより簡潔な他動詞が優先的に用いられます。

7.2　視点逆転

　「他動詞優先」のほか，「視点逆転」も意味用法に関わらず，多くの " 让 " 構文の日本語訳に適用されます。

　（51a）" 是民政局让你写的？ "

　（51b）「民政局から頼まれたのかい」

　（52a）" 陆大夫，让您受累了！ "

　（52b）「陸先生！お疲れさんでした」

　（53a）她原不是为卖蛋而来的，所以卖完蛋她就赶紧进城去逛——县城让她失望，因为那县城除了一处叫作 " 大十字 " 的街道以外，其余的地方并不比公社所在的镇子强。

　（53b）もともとそれが目的ではない。だから売り終わると急いで城内へ遊びに行った。そしてがっかりさせられた。そこは「大十字街」という通りがあるほかは，どこをとっても人民公社の役場のある鎮と比

59

べて義理にもましとは言えなかった。

　（51a）（52a）（53a）の使役を表す" 让 " 構文に対して，それぞれの日本語訳は（51b）が受身文，（52b）が能動文，（53b）が使役受身文です。このように，中国語は主語が仕手ですが，日本語訳は逆に受手を主語に取り，話し手（または述べ手）の視点が逆転していることが分かります。とりわけ" 让 " 構文の N2 が一人称である場合，日本語訳は一人称を主語とし，一人称の視点から物事を述べるのが一般的であると言えます。

八　まとめ

　本稿では，『中日対訳コーパス』などの対訳例を利用し，ヴォイスの事象構造と仕手の働きかけに焦点を当て，中国語の" 让 " 構文を使役態 8 種類，受身態 2 種類，偽使役態 3 種類に分け，意味用法別にその日本語訳を考察しました。考察の結果導き出された" 让 " 構文の日本語訳を表 2 にまとめます。

表 2　中国語" 让 " 構文の日本語訳

ヴォイス	事象構造	意味用法	主な日本語訳	可能な日本語訳
使役	1 N1- 副 E $\xrightarrow{顕}$ N2- 主 E	①指示命令	させる	―
		②恩恵授受	てもらう	―
		③心理誘発	させる	自動詞，させられる
		④他動	他動詞	させる / ようにする
		⑤客体原因	能動文	―
	2 N1- 主 E $\xrightarrow{潜}$ N2- 副 E	⑥間接命令	ように言う	命令 + 引用 + 言語行為
		⑦行為目的	ようにする	させようとする
		⑧行為規定	てもいい，禁止	できる，だめ

偽使役	3（N1）^無⋯⋯> N2- 主 E	⑨叱責	よくも～したな	してみろ
		⑩起因	せいで	から，故に
		⑪願望	ましょう，じゃないか	ます，なれ
受身	4 N2 $\xleftarrow{逆・潜}$ N1	⑫潜在影響	される	能動詞
	5 N2 $\xleftarrow{逆・顕}$ N1	⑬顕在影響	能動詞	複語動詞＋される
諸用法に適用可能な共通規則 ―「他動詞優先」「視点逆転」				

　本稿における考察を通じて，使役態については，仕手の働きかけが顕在的である場合は「させる」「てもらう」「他動詞」「自動詞」に，仕手の働きかけが潜在的である場合は「ようにいう」「命令＋引用＋言語行為」「ようにする」「させようとする」「てもいい」などに訳されることが分りました。また，偽使役態については，「よくも～したな」「せいで」「ましょう」などの表現に訳され，受身態は通常「される」「複合動詞される」「自動詞」に訳されることが明らかになりました。

参考文献

荒川清秀・徐敏光（2016）「致使动词 " 让 " 构成的致使句——以 " 命令的间接化 " 为中心」『汉日语言对比研究论丛』第 7 号，pp.14-20.

庵功雄・高梨信乃・中西久実子・山田敏弘（著），白川博之（監修）（2001）『中上級を教える人のための日本語文法ハンドブック』株式会社スリーエーネットワーク.

宛新政（2005）『现代汉语致使句研究』浙江大学出版社.

顾伟（2006）「从翻译角度分析日汉的使役句」『日语学习与研究』第 2 号，pp.25-28.

高宁・杜勤（2013）『汉日翻译教程』上海外语教育出版社.

胡君平（2020）「使役句 " 让 " 和「させる」的汉日对比研究——基于语义用法的新分类」『日语学习与研究』第 2 号，pp.28-36.

吴大纲（2014）『汉译日翻译语法学』华东理工大学出版社.

佐治圭三（1992）『外国人が間違えやすい日本語の表現の研究』ひつじ書房.

定延利之（1991）「SASE と間接性」仁田義雄（編）『日本語のヴォイスと他動性』pp.123-147，くろしお出版.

柴谷方良（1978）『日本語の分析』大修館.

周红（2005）『现代汉语致使范畴研究』复旦大学出版社.

沈家煊（2003）「现代汉语"动补结构"的类型学考察」『世界汉语教学』第 03 号、pp.17-23.

苏琦（2019）『汉日翻译教程』商务印书馆.

高見健一（2011）『受身と使役』開拓社.

高橋弥守彦（2013）「日中両言語における使役のむすびつき」『日中言語対照研究論集』第 15 号，pp.19-37，日中対照言語学会.

张斌（主编）（2010）『现代汉语描写语法』商务印书馆.

陶振孝（2011）『日汉翻译方法』外语教学与研究出版社.

陶振孝・赵晓柏（2012）『实用汉日翻译教程』高等教育出版社.

中島悦子（2007）『日中対照研究ヴォイス－自・他の対応・受身・使役・可能自発－』株式会社おうふう.

日本語記述文法研究会（2009）『現代日本語文法 2』くろしお出版.

林彬（2006）「日中両言語における使役文の対応関係に関する考察－中国人学習者の誤用分析を中心に－」『日本語・日本文化研究』京都外国語大学．第 12 号.

馮寶珠（2001）『日中両語における使役文の対照研究―「させる」構文と「動補構文」を中心に』致良出版社．

楊凱栄（1989）『日本語と中国語の使役表現に関する対照研究』くろしお出版.

杨雪（2011）「汉日有标被动句的用法与比较（上）」『日语知识』第 1 号，pp.6-7.

杨雪（2011）「汉日有标被动句的用法与比较（下）」『日语知识』第 2 号，pp.7-8.

米麗英・任福（2005）「日中使役文における対照分析」徳島大学国語国文学．第 19 号．pp.19-32.

参考資料

外研社―三省堂『日汉汉日词典』（2002）　外语教学与研究出版社.

吕叔湘（主编）『中国語用例辞典』（1992）（現代漢語八百詞日本語版）　株式会社東方書店.

杉村博文『中国語文法教室』（1994）　大修館書店.

用例出典

北京外国語大学北京日本学研究センター（2003）『中日対訳コーパス』.

北京大学漢語言語学研究センター『CCL 語料庫』　http://ccl.pku.edu.cn:8080/ccl_corpus/

中国語の "V 开" 型動補構造の
日本語訳について

島村　典子

一　はじめに

　現代中国語には，述語動詞（V）が補語 "开"[1] をともなった動補構造（以下，"V 开" 型動補構造，略して "V 开"）が存在します。本稿では，主に動詞と補語の組み合わせを記述した侯他（2015）から "V 开" の用例を収集し，"V 开" がどのような日本語に訳され得るかを考察します。

　考察にあたっては，島村（2012）に基づき，"开" の語義的意味を〈分離〉〈離脱〉〈広がり〉〈露呈〉〈消散・解消〉〈達観〉〈開始〉義に分類し，記述を行います。"V 开" は，主に①動詞，②複合動詞，③「修飾部＋動詞」，④その他の諸形式で日本語に訳されますが，"开" の語義的意味の差異によって，日本語への訳し方も異なってきます。

　よって，本稿では "开" の語義的意味に基づいて "V 开" を分類し，その日本語訳の特徴を中国語と日本語の統語論・意味論の観点から分析していきます。

二　"V 开" と "V 开来""V 开去"

　具体的な考察に入る前に，"V 开" と "V 开来""V 开去" との互換性について述べ，本稿が考察対象を "V 开" に限定する理由について説明します。

　当代文学作品における "V 开来"[2] と "V 开去" の用例では，その多くが "V 开" に置換できるという現象が看取されます。

---

1)　朱德熙（1982），刘月华主编（1998），吕叔湘主编（1999）等の伝統的な研究は，この "开" を方向補語に含めている。しかし，その定義に関しては検討の余地があると思われる。たとえば，朱德熙（1982:128）は，方向動詞によって担われる補語を方向補語とするが，同書では方向動詞の定義が明確でない。動詞の "开" には「ある場所を離れる」という〈移動〉義を表す意味項目が存在しないことから，本稿は "开" を一般的な方向補語と区別し，「補語」と呼ぶ。なお，特に明記しない限り，本稿で言及する "开" は補語の "开" を指すものとする。

2)　用例は〈北京大学中国语言学研究中心现代汉语语料库〉（〈CCL〉で表記）の "当代文学" より収集した。

（1）于是关闭了一个冬天的窗户都纷纷｛打开来／打开｝了。（余华《一九八六年》,〈CCL〉）（そこで冬の間閉じていた窓が次々に<u>開かれた</u>。[3]）

（2）两次购粮的斗争，从这座小城市 ｛传开去／传开｝，传到工厂，传到乡村。（梁斌《红旗谱》,〈CCL〉）（二度にわたる食糧購入をめぐる争いがこの小さな町から<u>広がり</u>，工場や農村へと伝わって行った。）

"来／去"の付加によるニュアンスの違いとして，（1）の"打开来"は，窓の閉鎖から開放へといたる過程が，話し手の立脚点に向かって展開される点を強調しています。また，（2）の"传开去"では，「争い」が「この小さな町」を起点として波及していくプロセスに表現の重点が置かれています。

一方で，すべての"V开来""V开去"が"V开"に置き替えられるわけではありません。次の用例を見てみましょう。

（3）他的眼睛在无知无觉中费力地睁了开来／*睁了开。（余华《现实一种》,〈CCL〉）（彼は知らず知らずのうちになんとか目を<u>開けた</u>。）

（4）各人提着各人那一份走了开去／*走了开。（残雪《残雪自选集》,〈CCL〉）（各々が自分の取り分を手に提げて<u>去って行った</u>。）

（3）（4）のケースでは，動詞"睁"や"走"が"了"をともなっているため，"开"の後には"来／去"が必要となります。このように，動詞が"了"をともなう場合，"开"のみでは文は安定せず，"来"や"去"の付加が必須となります。

しかしより重要なのは，"V开来""V开去"が日常的には常用されないという点です。この現象に関して，丸尾（2014:161）は「"开来／开去"の用法上の解釈にはその使用頻度の低さに加えて，地域的あるいは（この二者を書面語的な色彩が強いとする）文体的な差異，時代的な要素などの読み込み方に大きな個人差が見られるため，統一的な見解を得ることは容易ではない」と指摘しています。

また，インフォーマント[4]の内省によると，日常的な使用のレベルにおいて，"V开来""V开去"は"V开"に比べて容認度が低く，"来"や"去"の付加が余剰的に感じられるということです。

上述の内容に鑑み，実用性の観点から，本稿では研究対象を"V开"に限定し，その日本語訳について考察を行います。

---

3) 侯他（2015）以外から収集した用例については，筆者が日本語訳をつけた。
4) 次の4名のインフォーマントによる。1. 女性，26歳，河南省出身，北京在住，2. 女性，32歳，陕西省出身，西安在住，3. 女性，40歳，遼寧省出身，大連在住。4. 女性，43歳，北京市出身，北京在住（情報は2019年9月現在）。

三　補語 " 开 " の意味項目と語義的意味について

　ここでは，" 开 " の語義的意味を考察した島村（2012）を参考に，" 开 " の意味項目を〈分離〉〈離脱〉〈広がり〉〈露呈〉〈消散・解消〉〈達観〉〈開始〉義に分類し，それぞれの語義的意味を下の表のように定義します。

表 1：補語 " 开 " の意味項目と語義的意味および用例

意味項目	語義的意味[5]	用例
〈分離〉義	一体化している事物が分離する	张开了嘴（口を開けた）
〈離脱〉義	ある場所にあった事物がその場所を離れる	跑开（走って立ち去る）
〈広がり〉義	分散や拡大・伸長によって，事物が広範囲を占める	扩散开（拡散する）
〈露呈〉義	分離を経て事物が露呈したり，思考・感情が表出される	说开（はっきり話す）
〈消散・解消〉義	分解や拡散を経て事物が消散する，または問題や悩みが解消される	解开了这个谜团（この一連の謎を解明した）
〈達観〉義	不如意なできごとから離脱し，そのことは考えずに開き直る	看开（気にかけない）
〈開始〉義	抑制が解かれ，動作行為が開始し，大々的に行われる	唠叨开（ぶつぶつ〔言いだす／言い始める〕）

　以下では，表 1 の語義的意味に基づいて用例を分類し，その日本語訳について分析を行います。

四　"V 开 " 型述補構造の日本語訳

4.1　〈分離〉義

　〈分離〉義は「一体化している事物が分離する」ことを表し，〈分離〉義を表す "V 开"[6] は，①動詞，②複合動詞，③「修飾部＋動詞」の形で日本語に訳されます。以下では実例を挙げながら，それぞれのケースを考察していきます。

5)　本稿での分析を通して，島村（2012）の定義に修正を加えた。
6)　各々の語義的意味を表すのは " 开 " であると考えるが（もちろん，V が " 开 " と同様あるいは近似した意味を表すケースもあるが），動補構造全体が表す事象の類型も " 开 " の語義的意味によって決定されると考える。

4.1.1　動詞で訳されるケース

　侯他（2015）より収集した用例を観察すると，〈分離〉義では，"V 开"が動詞で訳されるケースがあり，おおよそ以下の2つのパタンに集約されます。

　①中国語のVが〈分離〉の意味を内包する場合

　②中国語のVが表す〈分離〉の「手段」や「原因」を，日本語で特に訳出する必要がない場合[7]

　用例を見てみましょう。

　　（5）a. 这几种原料你能<u>分别开</u>吗？

　　　　 b. この数種類の原料をあなたは<u>区別出来ますか</u>？（侯他 2015:163）

　　（6）a. 瓶子突然<u>炸开</u>了

　　　　 b. 瓶が突然<u>割れた</u>（同上:552）

　　（7）a. <u>揭开</u>锅，看看熟了没有？

　　　　 b. 鍋のふたを<u>取って</u>，煮えているかどうか見てみて（同上:258）

　　（8）a. 把书<u>翻开</u>

　　　　 b. 本を<u>開く</u>（同上:149）

　　（9）a. 洪水把大堤<u>冲开</u>了一个缺口

　　　　 b. 洪水で堤防が一か所<u>決壊した</u>（同上:74）

　（5a）から（7a）のVには［＋分離］の意味が含まれ[8]，日本語に訳す際は，意味的に対応し，かつ〈分離〉の意味を表す動詞[9][10]が用いられます。

　また，(8a)の "翻"（めくる）は，「本を開く」という動作行為にとってはデフォルトの「手段」となり，日本語では往々にして言語化されません[11]。(9a)の "冲"（押し流す）は堤防の決壊を引き起こす直接的かつ具体的な「原因」であると考えられますが，(9b)にある「洪水」のフレーム（frame）[12]を参照することによっ

7）　訳出すると余剰的な表現となるケースも含む。

8）　"分别"：辨别。"炸"：(物体)突然破裂。"揭"：把覆盖或遮挡的东西拿开。(以上，『現代汉语词典 第7版』)

9）　(5b) や (9b) は名詞に形式動詞がついて動詞化している。(23b) (24b) (37b) (48b) も同様である。

10）「区別」：違いによって分けること。また，その違い。くわけ。けじめ。「割れる」：固体に深いひびが入り，そこがはっきりした切れ目になって分かれ，元の形にもどらない状態となる意。「取る」：除く。「開く」：閉じているものがあけ放たれる。「決壊」：(堤防などが) 切れてくずれること。また切りくずすこと。(以上，『広辞苑』)

11）　杉村（2000:161）は，このような情報価値の低いデフォルト値を，中国語は言語化する傾向があり，日本語は非言語化する方向でデザインされていると指摘している。

12）　野村（2013:317）によると，「フレーム」は「ある概念を理解するのに必要となるような背景的知識構造」であり，「語はフレームを喚起し，その意味はフレームを背景にして

て容易に想定される「原因」となり，情報価値の低下を招くため，訳出されないと考えられます。

　それでは，〈分離〉の「手段」や「原因」の情報的価値が高く，訳出する必要がある場合はどのような形式が用いられるのでしょうか。以下では，まず複合動詞が用いられるケースについて見ていきます。

4.1.2　複合動詞で訳されるケース

　このケースでは，中国語の「述語動詞（V）＋補語（"开"）」が，日本語の複合動詞の「前項動詞（V1）＋後項動詞（V2）」に一対一で対応しているように見えます。こういった複合動詞の V2 には，「〜分ける」「〜開ける」「〜裂く」「〜離す」等があります。

　　　　（10）a. 从中间剪开

　　　　　　　 b. 真ん中から切り分ける（侯他 2015:243）

　　　　（11）a. 窗子推开了

　　　　　　　 b. 窓を押し開けた（同上 :472）

　　　　（12）a. 这块布很难扯开

　　　　　　　 b. この布はなかなか引き裂けない（同上 :67-68）

　　　　（13）a. 把两个打架的人拉开

　　　　　　　 b. けんかしている 2 人を引き離す（同上 :293）

　また，上掲の用例中の V2 は〈分離〉の意味を表す[13)14)]ため，既述のように，中国語の V が表す「手段」や「原因」を特に訳出する必要がないのであれば，以下のように，単独の動詞による訳し方も成立します。

　　　　（10b'）真ん中から分ける

　　　　（11b'）窓を開けた

　　　　（12b'）この布はなかなか裂けない

初めて理解される」と説明される。

13) 「分ける」：まとまりに境界をくっきりとつけて，二つ以上にする。区別する。区分する。「開ける」：境・仕切り・おおいなどで内・外の通いを閉ざしているものを除き，通れるようにする。開く。「裂く」：一つにまとまったものに切れ目などを入れ，強引に二つ（以上）に引き離す行為をいう。「離す」：くっついているものを解き分ける。別々にする。切りはなす。（以上，『広辞苑』）

14) （10b）の場合，「真ん中から切る」のように，複合動詞の V1 を単独の動詞とし訳すことも可能である。相対的に，「切り分ける」は全体が個体へと分割されることを意識して用いられる。

（13b'）けんかしている 2 人を離す

　ちなみに,（13）に関して言えば,〈分離〉の「手段」を不問とする（13b'）の「離す」は,「席を離す」のような空間的な〈分離〉から,「クラスを離す」「グループを離す」のような所属に関する〈分離〉まで表すことができます。

　一方,（13b）では,〈分離〉の「手段」にあたる「引く」という動作が対象との接触を含意するので,「引き離す」は,通常は「対象に接触し,分離させる」という物理的な〈分離〉を表す際に用いられます[15]。いずれにしても,中国語を忠実に訳すのであれば,（10b）から（13b）のように,複合動詞を用いるのが適切でしょう。

　しかしながら,日本語の複合動詞の組み合わせのあり方は多様で,しかも "V 开" に意味的に対応する複合動詞が存在しないケースもあります[16]。このような場合, "V 开" は多く「修飾部＋動詞」の形で訳されることになります。

4.1.3 「修飾部＋動詞」で訳されるケース

　まず,次の用例を見てみましょう。

　（14）a. 窗子被刮开了

　　　　 b. 窓が ｛風で開いた /* 吹き開いた｝（侯他 2015:191）

　中国語の " 刮 " は「（風が）吹く」ことを表し, " 开 " は「（窓が）分離する→開く」ことを言い表します。中国語の動補構造では,このように動詞と補語の意味的な指向が異なるケースが存在します。

　一方,日本語の複合動詞には「主語一致の原則」[17]（松本 1998:52）があり,「* 吹き開く」のように, V1 と V2 の主語が異なる場合,複合動詞として実現しません。よって,（14）では,中国語の V で示される〈分離〉の「原因」が,デ格名詞句[18]で表現されています。

　そのほか，次に挙げる（15a）の "夹" は "从两个相对的方面加压力，是物体固定不动"（『现代汉语词典 第 7 版』）（相対する 2 つの方向から力を加え，物体が動かないように固定する）と説明されますが，日本語では「＊はさみ分ける」のような言い方は非文法的です。[19]

　　（15）a. 把这块豆腐从中间夹开

　　　　　b. この豆腐を真ん中からはしで二つに分ける（侯他 2015:239）

　この場合は，〈分離〉の「手段（道具）」[20]となる「はし」を，デ格で示す方が日本語として適切です。

　上の例では，〈分離〉の「原因」や「手段」がデ格名詞句で表現されますが，以下では，そのほかの日本語訳を見ていきます。

　　（16）a. 门被撞开了

　　　　　b. ぶつかってドアが開いた（侯他 2015:580）

　　（17）a. 洞口炸开了

　　　　　b. 洞穴の口を爆破して開けた（同上 :552）

　　（18）a. 核桃太硬，用牙咬不开

　　　　　b. くるみは硬すぎて，歯でかんでも割れない（同上 :531）

　上の例では，いずれも "V 开" が「動詞テ形＋動詞」で訳されています。（16b）の「ぶつかって」は〈分離〉の「原因」[21]，（17b）の「爆破して」は〈分離〉の「手段」を表します。

　（18a）の中国語は可能補語の形（"咬不开"）を取っています。日本語訳の（18b）は，「動詞テ形＋『も』」で譲歩の意味を表し，動詞テ形（従属節）で表される動作行為を行っても，動詞（主節）で表される結果が成立しないことを示しています。この現象から，上の各例では，動詞テ形の動詞に対する従属度が低く，「手段」や「原因」を表す形式が相対的に独立していると言えます。このような動詞テ形の従属度が可能表現にも影響してくると考えられます。[22]

---

19)　筆者の内省では，「はさむ」が表す「物体を固定する」動作と，「分ける」が表す「物体を分離させる」動作が相容れないため複合動詞が実現しないと思われるが，中国語では両動作が複合イベントとして成立する。この点に関してはさらなる考察が必要である。

20)　国立国語研究所（1997:170-171）参照。「手段・道具」を表すデ格には，有形の道具のほかに抽象的な手段も含まれるとされる。

21)　所与の事態が同一主語による連続的な動作ではない点や，テ形で表される動作行為が無意志的と捉えられることから，継起的な接続ではなく，因果関係の読みが優勢であると考えられる（吉永 2012:115-116 参照）。

22)　（16b）（17b）においても，「ぶつかってもドアは開かなかった」「ぶつかったがドアは開かなかった」や，「爆破しても開かなかった」「爆破したが開かなかった」のように，否

また，次の（19a）は少々特殊で，"摆开"が表す事象は，実際には「補語（離す）＋動詞（置く）」の順序で実現されます。

　　（19）a. 把这几盆花摆开

　　　　　 b. この何鉢かの花を少し<u>離して置きなさい</u>（侯他 2015:9）

　中国語では，「鉢植えをある場所に置いた結果，複数の鉢植えが<u>互いに分離する</u>」という発想のもとに動補構造を形成しますが，日本語の「離して置く」は「テ形節で表されている内容が後続節の内容について付帯状況的に説明する」（吉永 2012:113）「付帯用法」であるとされます。

　以上では，「動詞テ形＋動詞」の構造を分析しましたが，松本（1997:141）はこの種の構造をテ形から構成される「副詞節」と呼んでいます。また，益岡・田窪（1992:190-191/194-195）は，原因・理由，譲歩，付帯状況・様態を表す副詞節の形式に動詞テ形を挙げています。これらの観点を援用し，本稿では「動詞テ形＋動詞」の構造を「修飾部＋動詞」に集約します。

4.2　〈離脱〉義

　次に，〈離脱〉義を表す"V 开"の日本語訳について見ていきます。

　〈離脱〉義は，「ある場所にあった事物がその場所を離れる」ことを表し，〈分離〉義と同様，"V 开"は①動詞，②複合動詞，③「修飾部＋動詞」の形で日本語に訳されます。

4.2.1　動詞で訳されるケース

　収集した用例のうち，〈離脱〉義を表す"V 开"は動詞で訳されるケースが多く，「離れる」「よける」「どける」「移動する」等，［＋離脱］の意味をもつ動詞[23]が用いられます。

　　（20）a. 几件事都等着要处理，这会儿我哪能走开？

　　　　　 b. 処理を要する事が数件あるのに，今どうしてこの私が<u>離れられる</u>

定のスコープは後方の動詞のみである。

　一方，(19b)の動詞テ形「離して」は付帯用法を表し，動詞に対する従属度が高くなるため，「場所が狭くて，鉢植えを［離して置く］ことができない」（作例）のように，否定のスコープは「動詞テ形＋動詞」全体であると考えられる。ちなみに，「離しても置けなかった」や「離したが置けなかった」であれば，元の「離して置く」との間に有意味な差異が生じる。

23)「離れる」：へだたる。距離をおく。遠ざかる。「よける」：好ましくない物・事とかかわらないよう脇へ退く。「どける」：その場所からほかへうつす。どかす。「移動」：移り動くこと。移し動かすこと。（以上，『広辞苑』）

と言うのですか？（侯他 2015:586-587）

（21）a. 车来了，快闪开！

b. 車が来たから早くよけなさい（同上 :398）

（22）a. 把自行车搬开

b. 自転車をどける（同上 :10-11）

（23）a. 把船划开

b. 船を移動させる（同上 :217）

（24）a. 把这块大石头弄开

b. この大きな石を他のところに移動させる（同上 :337）

　基本的には〈分離〉義のケースと同じで，①中国語の V が〈離脱〉の意味を内包する場合（（20）（21）（22））と，②中国語の V が表す「様態」（Manner）や「手段」を特に訳出する必要がない場合（（23）（24））には，動詞を用いて訳されます。

　たとえば，（20a）の " 走 " は「離れる・行く」という意味であり，（21a）の " 闪 " は「よける」という意味なので，いずれも〈離脱〉の意味を含みます。（22a）の " 搬 " も " 移动物体的位置 "（物体の位置を移動させる）（『现代汉语词典 第 7 版』）というように，［＋離脱］の意味特徴を有します。

　次に，（23a）の " 划 "（漕ぐ）という動作行為は，船の移動にとって優先的に想起される「手段」と言えます。先述のように，こういったデフォルトの「手段」は，日本語では言語化されない傾向にあるということでした。

　ほかに特筆すべきは，動詞としての " 开 " が〈離脱〉の意味を表さないという点です。よって，（20a）から（24a）が示すように，中国語では主体移動・客体移動を問わず，いずれも「動詞＋補語」の形を用いて〈離脱〉という移動事象を表します。ひいては，（24a）のように，〈離脱〉の具体的な「手段」に言及しないケースにおいても，中国語はダミー動詞（dummy verb）" 弄 "（やる・する）を用いて「動詞＋補語」の構造を形成します。[24]

　一方，日本語の「どく」「どける」のような動詞は，それぞれ主体移動，客体移動を表すことが可能であり，このような差異によって，日本語訳の形式が多様化していると考えられます。

24）　Lamarre（2007:15）参照。

4.2.2　複合動詞で訳されるケース

〈離脱〉義を表す "V 开" が複合動詞で訳されるケースも一定数あります。複合動詞の V2 には，「〜去る」「〜払う」「〜のける」等，[＋離脱] の意味をもつもの[25]が観察されます。

（25）a. 快给我走开

　　　　b. さっさと立ち去れ（侯他 2015:585）

（26）a. 把大狗赶开

　　　　b. 大きな犬を追い払う（同上 :178）

（27）a. 把那个人挤开

　　　　b. その人を押しのける（同上 :360）

そのほかでは，「引っ越して行く」「飛んで行く」等の複合動詞で訳される用例が見受けられます。次の（28b）（29b）では，"V 开" が「〜て行く」と訳されています[26]。[＋離脱] の意味特徴をもつ「引っ越す」では，必ずしも「〜て行く」の形を取る必要はありませんが（「市街地から引っ越す」でも可），（29b）の場合は，「飛ぶ」が〈離脱〉の「様態」を表すため，"开" の表す〈離脱〉義は「行く」によって表現されます。

（28）a. 从市区搬开

　　　　b. 市街地から引っ越して行く（侯他 2015:11）

（29）a. 那只小鸟很快就飞开了

　　　　b. あの小鳥はあっという間に飛んで行った（同上 :158）

補助動詞「行く」は立脚点から遠ざかる方向を表し，〈離脱〉義（ある場所にあった事物がその場所を離れる）と親和性（harmony）を有します。そのため，"开" の表す〈離脱〉の意味が「行く」で訳され得ると言えるでしょう。

4.2.3　「修飾部＋動詞」で訳されるケース

次に，〈離脱〉義を表す "V 开" が「修飾部＋動詞」で訳されるケースを見てみます。

（30）a. 赶紧把受伤的人扶开

　　　　b. 急いで負傷者に手を貸して移動させる（侯他 2015:167）

---

25)　「去る」：ある所・地位・状況から離れ，ほかへ行く。移る。（『広辞苑』）「払う」：人や動物をその場からいなくさせる。また，先払いをする。「のける」：現在の位置から去らせる。どける。（以上，『大辞林』）

26)　有田（2001:1）は，「V-テクル」等は通常複合動詞の一種と見なされると述べている。

（31）a. 表层的冻土已经挖开了

　　　b. 表面の凍土はもう<u>掘ってのけた</u>（同上 :480）

（32）a. 把这张床拖开

　　　b. このベッドを<u>ひっぱってどける</u>（同上 :478）

（33）a. 把他调开

　　　b. 彼を<u>配置転換で飛ばす</u>（同上 :124）

　上の用例では，中国語の V が表す〈離脱〉の「手段」は，動詞テ形（（30b）〜（32b））や，デ格名詞句（（33b））によって訳されています。

　（33b）では，デ格がデキゴト性の名詞「配置転換」に後続し，デ格名詞句が後方の「飛ばす」を修飾します。山田（2003:16）によれば，この種のデ格名詞句は「起因」の一種で，特に「行動の理由」[27]を表すとされます。

　以上の考察で示されたように，〈離脱〉義を表す "V 开" の日本語訳のパタンは，先に見た〈分離〉義と似通っていることがわかります。

4.3　〈広がり〉義

　〈広がり〉[28]義は，「分散や拡大・伸長によって，事物が広範囲を占める」ことを表します。

4.3.1　動詞で訳されるケース

　先に見た〈分離〉義や〈離脱〉義と異なり，〈広がり〉義を表す "V 开" は大半が動詞で訳されます。これらの動詞には［＋広がり］の意味が含まれます[29]。

---

27) 山田（2003:16）によれば，「起因」とは，デキゴト性名詞が，述部が表す事態を引き起こす関係であると説明される。しかし，デ格名詞句が「行動の理由」を表す際は，通常，述部は過去形を取り，述部は意志動詞でありながら，意図性からは解放された存在であるとも指摘している。この点から考えると，(33b) の「配置転換で」が「起因（行動の理由）」ではなく，「手段」を表す可能性も排除できない。

28) 伝統的な研究では，以下の用例に代表される "开" は，〈収容〉の意味を表すとされる。
　这儿放不开四张床，挤一挤就放下了。（吕叔湘主编 1999:330）（ここにはベッド 4 台は置けなかったが，ちょっとつめたところ置くことができた。）
　一方，島村（2012:199）は，〈収容〉とは「ある空間が事物や動作行為の広がりを許容する，或いは許容しない」ことをいい，「ある空間」とはコンテクストに生起する空間的条件を指すと指摘した。加えて，広がりの「可否」とは可能形式から得られるものであるため，〈収容〉義の "开" とは，結局のところ「事物や動作行為の広がり」を表すと考えられる。本稿も上記の内容をふまえ，先行研究における〈収容〉義を独立した意味項目と見なさず，〈広がり〉義の一種であると考える。

29) 「広まる」：ひろく伝わる。あまねく行われる。「広げる」：巻いたりたたんだりしてある物をのべる。ひらきのべる。「分解」：一体をなすものを個々の要素に分けること。また，

（34）a. 这件事很快就传开了

　　　b. この件はあっという間に広まった（侯他 2015:84）

（35）a. 把被褥铺开

　　　b. 布団を広げる（同上 :360）

（36）a. 把收音机拆开检查一下

　　　b. ラジオを分解して調べてみる（同上 :58）

（37）a. 经验已经推广开了

　　　b. 経験をすでに普及させた（同上 :474）

（38）a. 地方小得连腿也伸不开

　　　b. 場所が狭くて足も伸ばせない（同上 :407）

（39）a. 这儿能铺开两条地毯吗？

　　　b. ここにじゅうたんを 2 枚敷けますか（同上 :360）

4.3.2　複合動詞で訳されるケース

　〈広がり〉義の "V 开" が複合動詞を用いて訳されるケースは，実例において
は極めて少ないと言えます。個別の例ですが，（40a）の " 飞开 " をなるべく自
然な日本語に訳そうとすると，「飛び散る」のような表現となります。しかし，
「〜散る」[30]の生産性は低く，「飛び散る」「舞い散る」等の用例しか見当たりませ
ん。[31]

（40）a. 嘎嘎嘎，机关枪瞄准窗口又是一梭子，砖头块子四散飞开。（李晓
　　　　明 《平原枪声》,〈CCL〉）

　　　b.［略］煉瓦のかけらが四方に飛び散った。

　そのほかでは，"V 开" が「〜て行く」で訳されるケースがあります。

（41）a. 游行队伍慢慢散开了

　　　b. デモ隊が少しずつ分散していった（侯他 2015:392）

　（41b）では，「行く」が立脚点から遠ざかる方向を表し，「分散する」という
事態が時間の経過とともに展開することを強調します。（41b）は，補助動詞「行

分かれること。「普及」:広く一般に行きわたること，また，行きわたらせること。「伸ばす」:
曲がっているもの，縮んでいるものをまっすぐにする。「敷く」:物を平らにのべひろげる。
敷物にする。（以上,『広辞苑』）

30)　「散る」:一つのものとして秩序のあるものが，ばらばらの細かい破片になる意。(『広
辞苑』)

31)　「複合動詞レキシコン」（国立国語研究所，URL: https://db4.ninjal.ac.jp/vvlexicon/）で
検索したところ，この 2 例しかヒットしなかった。

く」がなくとも文は成立しますが（「デモ隊が少しずつ分散した」），「行く」の付加による〈広がり〉の展開は感じられません。

4.3.3 「修飾部＋動詞」で訳されるケース

中国語の V が〈広がり〉の意味を含意せず，対応する日本語の動詞も［＋広がり］の意味特徴をもたない場合，〈広がり〉の意味は修飾部によって表されることになります。

 （42）a. 新方法逐渐运用开了

    b. 新しい方法は次第に広く運用されるようになった

（侯他 2015:545）

 （43）a. 小型录音机很快就用开了

    b. 小型テープレコーダーはすぐに広く使われるようになった

（同上 :538）

（42）（43）において，中国語の " 运用 " や " 用 "，日本語の「運用する」「使う」はいずれも〈広がり〉の意味を含みません。よって，〈広がり〉の意味は修飾語の「広く」によって表現されています。

4.4　〈露呈〉義

〈露呈〉義は，「分離を経て事物が露呈したり，思考・感情が表出される」と定義することができます。この定義に含まれる「分離を経て」は，〈露呈〉義が〈分離〉義から拡張していることを意味します。一体化しているものを分離させる際には，往々にして「外側が閉じられたものの内側にアクセスする」（Taylor2003:164）という目的が存在すると考えられるためです。

以下では，〈露呈〉義の "V 开 " が複合動詞および「修飾部＋動詞」で訳されるケースを中心に見ていきます。

4.4.1　複合動詞で訳されるケース

収集した用例では，"V 开 " が「〜出す」からなる複合動詞で訳されるケースが見受けられます。

 （44）a. 只有把问题揭开才能彻底解决

    b. 問題を暴き出してこそ徹底的に解決出来る（侯他 2015:259）

 （45）a. 亮开他的老底

　　　　b. 彼の秘密をさらけ出す（同上 :369）
　姫野（2018:93）によると，この種の「〜出す」は「顕現」の意味を表し，「対象がもともとそこにあって，人の知覚に触れないでいたものが，変化が加わり，見えたり聞こえたりするようになって，その存在が明らかになる」ことを意味するとされます。V1 には，上掲の用例のような「覆っているものを除く（暴く，剥く，削る等）」（同上 :94）ことを表すものがあるとされます。覆いを除く，すなわち覆いが分離することによって事物が露呈することは，対象を明確に認識することにもつながります。よって，〈露呈〉義を表す"V 开"は，次で述べるように，「修飾部＋動詞」で訳される場合もあります。

4.4.2　「修飾部＋動詞」で訳されるケース

　下の（46b）では，様態を表す副詞で，明晰性に関わる「はっきり」（仁田 2002:91）が修飾語となっています。明晰性を表す修飾語は，言語活動を表す動詞との組み合わせに多く見られます。

　　　（46）a. 这事一定要谈开
　　　　　　 b. この件はどうしてもはっきり話し合わなければならない

　　　　　　　　　　　　　　　　　　　　　　　　　　　　（侯他 2015:441）

4.5　〈消散・解消〉義

　〈消散・解消〉義は，「分解や拡散を経て事物が消散する，または問題や悩みが解消される」ことであると定義されます。〈消散・解消〉義を表す"开"は，〈広がり〉義から拡張していると考えられます。

4.5.1　動詞で訳されるケース

　〈消散・解消〉義を表す"V 开"が動詞で訳される場合，当該の動詞は［＋拡散／分解］の意味特徴をもつか，あるいは部分的に［＋拡散／分解］の意味を含みます。

---

32)　実例では見つからなかったが，"他隐藏了十年的秘密终于被揭开了"（作例）のような"V 开"であれば，単独の動詞を用いて，「彼が 10 年間隠し続けた秘密がついに暴かれた」というように訳すことが可能である。よって，本稿の末尾に示す表 2 にも動詞で訳すケースとして「暴く」を収録している。
33)　（46b）の「話し合う」は複合動詞であるが，これは中国語の V の部分に相応するものであるため，ここでは細かい分類は行っていない。

（47）a. 水很热，藕粉就冲开了

b. お湯は熱く，片栗粉はすぐ<u>溶けた</u>（侯他 2015:73 を改変）

（48）a. 哈亚等人的新研究结果<u>解开</u>了这个谜团。（《新华社 2004 年新闻稿》，

〈CCL〉）

b. ハヤたちの新たな研究結果がこの一連の謎を<u>解明した</u>。

（47a）では，"冲" が「お湯を注ぐ」という「手段」を表し，"开" はその結果，片栗粉が拡散することを表します。一方，日本語訳の（47b）では，拡散の意味を表す動詞「溶けた³⁴⁾」によって，事態の結果の部分のみが訳されています。これは，文中にある「お湯」によって，片栗粉を拡散させた「手段」が容易に想定されることに起因します。我々は通常，このような拡散の結果を物質の「消散」と見なします。

（48a）では，文中にある "谜团"（一連の謎）が集合体を表し，"解" という動作行為によって集合体がその構成要素に分解されることから，〈解消〉の意味が生じると考えられます（島村 2012:205）。この "解开" は，日本語では「解明する」と訳すことが可能です。「解明」は「ときあかすこと。不明な点をはっきりさせること」（『広辞苑』）を表すことから，部分的に［＋分解］の意味を含むことがわかります³⁵⁾。

4.5.2　複合動詞で訳されるケース

〈消散・解消〉義を表す "V 開" が複合動詞で訳されるケースとして，「〜切る」が挙げられますが，これは個別的なケースであると言えます。

（49）a. 那道题<u>除开</u>了吗？

b. その問題は<u>割り切れ</u>ましたか？（侯他 2015:81）

（49b）の「割り切る」は，辞書では「割り算で，端数を出さないで完全に割る」と説明されます（『広辞苑』）。

姫野（2018:175）によれば，「〜切る」は継続動詞について行為が完遂することを表すもの（「走り切る」等）と，瞬間動詞について極度の状態に達する

---

34)　「溶ける」：ある物質の分子が液体中に均一に拡散する。溶解する。（『大辞林』）

35)　山梨（2000:132-135）の〈理解〉概念には，〈分解モデル〉や〈光モデル〉がある。「謎が解ける」という表現は，〈分解モデル〉の見立てにより，「こり固まっている全体がその構成部分に分かれていく状況」（同上:133）であるという。また，「明らかになる」のような表現には〈光モデル〉が関与していて，「理解の対象としての存在が暗闇の中から明るみに出てくる状況」（同上:133）と説明される。このように考えると，「解き明かす」には〈分解モデル〉と〈光モデル〉という 2 つの見立てモデルが関わっていると言える。

ことを表すもの（「疲れ切る」等）があるとされます。通常，「割る」は瞬間動詞であると考えられますが，「割り算」は「端数がなくなる」ことで計算が終了し，その終了点に向けて「割る」という行為が繰り返し継続し得るため，この場合の「～切る」は「完遂」を表すと考えられます[36]。[37]

4.6 〈達観〉義

〈達観〉義は「不如意なできごとから離脱し，そのことは考えずに開き直る」と定義されます。

4.6.1 慣用句で訳されるケース

ほかの意味項目とは異なり，〈達観〉義を表す"V 开"は，多くは「気にかける」「気にする」のような慣用句の否定形によって訳されます。

（50）a. 遇事要看开一些

b. 問題が起こっても余り気にかけないように（侯他 2015:278）

（51）a. 我劝你还是想开些

b. 君，やはり余り気にするなよ（同上 :503）

「気にかける」は「心にとめて忘れない。そのことについて忘れずにいて，あれこれと心配する」ことを表し，「気にする」は「気がかりなこととして心配する。心配事などが心から離れないでいる」（以上，『成語林 故事ことわざ慣用句』）状態を意味します。

"想开"について，荒川（2003:85）は「『考えをある点から離せ』ということで，『ひとつのことにこだわっていないであきらめなさい；心を広くもちなさい』という意味」であるといいます。また，『現代汉语词典 第 7 版』では，"看开""想开"はいずれも"不把不如意的事情放在心上"（不如意な事柄を心にとめない）と説明されます。

以上のことから，〈達観〉義と「気にかけない」「気にしない」等の慣用句には，「不如意なできごとから離脱する」という共通点を見出すことができます。

---

36) たとえば，割り算の筆算で商を求める際には，場合によって「立てる→かける→引く→おろす」という操作を繰り返すことになる。

37) 姫野（2018:177）は，「完遂」は「行為の単なる終了を表すのではなく，行為者の予定どおり（質，量ともに）完全に行われることを表している」と述べている。また，石井（1988:291）は，「～切る」には「『モノがなくなる』から『コトが完全に行われる』への変容」が含まれることを指摘している。

4.7 〈開始〉義

最後に，〈開始〉義を表す "V 开" の日本語訳について考察を行います。

〈開始〉義は「抑制が解かれ，動作行為が開始し，大々的に行われる」ことを表し，このようなアスペクト的意味を含む事象は，日本語でも動詞のみでは表すことができません。よって，〈開始〉義を表す "V 开" は，その多くが複合動詞や「動詞＋ようになる」の形式で訳されます。

4.7.1 複合動詞で訳されるケース

以下は〈開始〉義を表す "V 开" が複合動詞で訳される例であり，V2 は「～だす」「～はじめる」からなります。

  （52）a. 大家哄的一下笑开了

    b. みんなは<u>ドッと</u>｛<u>笑い出した</u> /² <u>笑い始めた</u>｝（侯他 2015:506）

  （53）a. 一提起小王，大家都称赞开了

    b. 王君のことに触れるとみんなが｛<u>称賛し始めた / 称賛し出した</u>｝

                    （同上 :68）

  （54）a. 这个工地从上星期使开掘土机了

    b. この工事現場では先週からパワーシャベルを｛<u>使い始めた / 使</u><u>い出した</u>｝（同上 :416）

寺村（1969:49）によれば，「～だす」と「～はじめる」は多く同一の動詞につき，意味もほとんど変わらないとされます。しかし，上掲の用例が示すように，具体的なコンテクストにおいては，表現の自然さやニュアンスに差異が見られます。たとえば，（52b）においては「笑い始めた」より「笑い出した」のほうが自然であり，（54b）の「使い始めた」と「使い出した」では，細かなニュアンスの差異があります。

「～出す」については，姫野（2018:97）が以下のように説明しています。

  「出す」の基本的意味である「外部への移動」は，「開始」の場合にも意味の根底において引き継がれ，連続している。内部に込められていたものが，何かのきっかけからどっと外部に出て，ことが始まるという事態は容易に想像されることである。そこには，人為的な力の作用というよりは，内部からあふれた自然なエネルギーの流出が感じられる。

姫野（2018:97）はまた，「心の動きに伴って不意に起こる現象は，『だす』のほうが適している」とも指摘しています。森田（1977:274）においては，「～

だす」は「新事態の成立（瞬間作用）にしばしば用いられる」ことが指摘されており，「人間行為に使われても，意志性がない」とされます。

　上記の見解をふまえると，（52b）では，「ドッと」という修飾句によって事態の突発性が示されているために，瞬間作用に用いられる「～だす」を使用したほうが適切であると言えます。また，所与の文脈におけるV1「笑う」が，心の動きにともなって不意に起こる現象であることも，「～だす」が選好される要因の1つであると言えるでしょう。

　（53b）については，両形式とも使用可能ではありますが，比較すると，「～だす」のほうが，動作行為が自ずと発生したという意味合いが明確に表れます。

　「～はじめる」については，森田（1977:274）が「継続する作用・動作の開始意識が強い」こと，「終わりが予想できる一つの継続行為の開始」にしばしば用いられることを指摘しています。（54）のコンテクストについて，工事現場では工程や施工スケジュールに従って，計画的に重機が投入されると想定されます。「～はじめる」が表すのは，このような計画的で終わりの想定できる動作行為の開始だと言えるでしょう。「～はじめる」と比べると，「～だす」を用いた場合は，重機の投入が突発的であるというニュアンスが感じられます。

　以上の考察から，「～だす」と「～はじめる」の選好には，V1の性質に加えて，修飾句の有無，所与の事態が「新事態の成立」か「継続する動作行為の開始」かのどちらに重点を置いているか等の情報も密接に関わってきます。これらの要素を総合的に判断しながら日本語に訳すことが求められます。

4.7.2　「動詞＋ようになる」で訳されるケース

　最後に，〈開始〉義を表す"V开"が「動詞＋ようになる」で訳されるケースを見てみましょう。

　　　（55）a. 他最近又骑开摩托车了

　　　　　　b. 彼は最近またオートバイに乗るようになった（侯他 2015:362）

　庵他（2000:75）によると，「ようになる」は「それまで存在しなかった状態が現在は存在する」ことを表し，市川（2005:240）は，「状態の変化」を表すが，「時間をかけて習慣・能力が身に付くという意味合いをもつことが多い」と指摘します。総じて，「ようになる」は「ある事態にいたる」，つまり，一種の変化を表すことがわかります。（55）は個別的な習慣の変化を表し，「オートバイに乗る」という動作行為が，「最近」が指す時間内に反復して行われ，徐々に習慣

の変化にいたったことが示されていると考えられます。

　以上の考察から，〈開始〉義を表す "V 开" が個別的な習慣の変化，それも漸進的な変化を言い表す場合には，「動詞＋ようになる」を用いた訳が適切であることがわかります。

五　まとめ

　以上，本稿では，中国語の補語 "开" の意味項目を〈分離〉〈離脱〉〈広がり〉〈露呈〉〈消散・解消〉〈達観〉〈開始〉義に分類し，それぞれの "开" を含む "V 开" がどのように訳され得るかを考察し，その特徴について中国語と日本語の統語論・意味論的特徴から分析を行いました。"V 开" の日本語訳例を以下の表にまとめます。

表 2："V 开" の日本語訳例

意味項目	動詞	複合動詞	修飾部＋動詞	その他
〈分離〉義	区別する 割れる 取る 開く 決壊する 　　　　［＋分離］	切り分ける 押し開く 引き裂く 引き離す	風で開く はしで二つに分ける ぶつかって開く 爆破して開ける かんで割る 離して置く	
〈離脱〉義	離れる よける どける 移動させる 　　　　［＋離脱］	立ち去る 追い払う 押しのける 引っ越して行く 飛んで行く	手を貸して移動させる 掘ってのける 配置転換で飛ばす	
〈広がり〉義	広まる 広げる 分解する 普及させる 伸ばす 敷く 　　　　［＋広がり］	飛び散る 分散して行く	広く運用される 広く使われる	

81

〈露呈〉義	暴く　　　[＋露呈]	暴き出す さらけ出す	はっきり話し合う	
〈消散・解消〉義	溶ける 解明する 　　[＋拡散／分解]	割り切れる		
〈達観〉義				慣用句 気にかけない 気にしない
〈開始〉義		笑い出す 称賛し始める 使い始める		動詞＋ようになる 乗るようになる

　"开"の意味項目は多岐にわたり，定訳はないものの，形式面からまとめると，"V开"は①動詞，②複合動詞，③「修飾部＋動詞」，④その他の諸形式で日本語に訳されます。

　次に，意味項目ごとに，本稿で考察した内容を総括します。

a) 〈分離〉義と〈離脱〉義の日本語訳のパタンには相似性が見られる。中国語のVが〈分離〉や〈離脱〉の意味を内包する場合や，中国語のVが表す〈分離〉または〈離脱〉の「手段」や「原因」，「様態」に情報的価値が置かれない場合，"V开"は単独の動詞で訳される。逆に，「手段」や「原因」，「様態」の情報的価値が高く，意味的に対応する複合動詞が存在する場合は複合動詞で訳す。複合動詞が存在しない場合は，「修飾部＋動詞」で訳すことが考えられる。

b) 〈広がり〉義では，中国語のVに［＋広がり］の意味が含意されるケースが多く，日本語ではこれが多く［＋広がり］の意味特徴をもつ単独の動詞で訳される。ほかに，中国語のVが表す〈広がり〉の「様態」が，複合動詞のV1で訳されるケース（「飛び散る」）が見受けらる（ただし，個別のケースである）。中国語のVに〈広がり〉の意味が含意されない場合は，修飾語「広く」によって〈広がり〉の意味が訳出される（「広く運用される」等）。

c) 〈露呈〉義では，"V开"が［＋露呈］の意味特徴をもつ単独の動詞や，「〜出す」をV2とする複合動詞で訳される。また，事物の露呈は対象を明

確に認識することにつながるため，"V 开" が「明晰性を表す修飾語＋動詞」（「はっきり話し合う」等）で訳されることもある。

d) 〈消散・解消〉義について，個別のケースでは "V 开" が複合動詞で訳されることもあるが（「割り切れる」），大部分は ［＋拡散／分解］の意味特徴をもつ動詞で訳される。また〈達観〉義の "V 开" は，「気にかける」「気にする」のような慣用句の否定形（「気にかけない」「気にしない」）で訳される点が特徴的である。

e) 〈開始〉義のようにアスペクト的意味を含む "V 开" は，日本語でも動詞のみでは訳すことができず，「〜だす」や「〜はじめる」を V2 とする複合動詞や，「動詞＋ようになる」で訳される。総じて，所与の事態が「新事態の成立」に重きを置く場合は「〜だす」が，「継続する動作行為の開始」を表す場合は「〜はじめる」が用いられる。また，所与の事態が個別的な習慣の変化で，漸進性を帯びる場合は，「動詞＋ようになる」が選好される傾向がある。

　本稿で調査を行った用例は限定的であり，以上の考察結果を過度に一般化することはできません。しかし，中国語の表現とその日本語訳をつぶさに観察し，なぜそのように訳され得るかを両言語の特徴から分析することは，学習者の言語産出能力を向上させるプロセスにおいて必要な作業だと言えるでしょう。

参考文献

荒川清秀（2003）『一歩すすんだ中国語文法』大修館書店.

有田節子（2001）「日本語の移動構文『V-テクル』についての覚書」『大阪樟蔭女子大学論集』第 38 号，pp.1-10.

庵功雄他（2000）『初級を教える人のための日本語文法ハンドブック』スリーエーネットワーク.

石井正彦（1988）「接辞化の一類型―複合動詞後項の補助動詞化」『方言研究年報』30，pp.281-296.

市川保子（2005）『初級日本語文法と教え方のポイント』スリーエーネットワーク.

旺文社（編）（1992）『成語林 故事ことわざ慣用句』旺文社.

国立国語研究所（1997）『日本語における表層格と深層格の対応関係』三省堂.

島村典子（2012）「補語成分 "开" の意味ネットワークについて」『中国語教育』10 号，

pp.191-211.

新村出（編）（2018）『広辞苑 第七版』岩波書店.

杉村博文（2000）「"走进来"について」『荒屋勧教授古希記念中国語論集』pp.151-164，白帝社.

寺村秀夫（1969）「活用語尾・助動詞・補助動詞とアスペクト―その一」大阪外国語大学研究留学生別科『日本語・日本文化』1，pp.32-48.

仁田義雄（2002）『副詞的表現の諸相』くろしお出版.

野村益寛（2013）「フレーム（frame）」辻幸夫（編）『新編 認知言語学キーワード事典』p.317，研究社.

姫野昌子（2018）『新版 複合動詞の構造と意味用法』研究社.

益岡隆志・田窪行則（1992）『基礎日本語文法―改訂版―』くろしお出版.

松村明（編）（2019）『大辞林 第四版』三省堂.

松本曜（1997）「空間と移動の言語表現とその拡張」中右実（編）田中茂範・松本曜（著）『空間と移動の表現』pp.125-230，研究社出版.

―――（1998）「日本語の語彙的複合動詞における動詞の組み合わせ」『言語研究』1998 巻 114 号，pp.37-83.

丸尾誠（2014）『現代中国語方向補語の研究』白帝社.

森田良行（1977）『基礎日本語 1―意味と使い方』角川書店.

山田敏弘（2003）「起因を表す格助詞『に』『で』『から』」『岐阜大学国語国文学』30 号，pp.13-23.

山梨正明（2000）『認知言語学原理』くろしお出版.

岳莎莎・吉田光演（2010）「日本語の複合動詞とテ形動詞の比較―中国人日本語学習者の誤用を通して―」『人間科学研究』5，pp.57-68.

吉永尚（2012）「テ形節における統語的考察」『園田学園女子大学論文集』第 46 号，pp.113-123.

刘月华（主编）（1998）『趋向补语通释』北京语言文化大学出版社.

吕叔湘（主编）（1999）『现代汉语八百词（增订本)』商务印书馆.

中国社会科学院语言研究所词典编辑室（编）（2019）『现代汉语词典 第 7 版』商务印书馆.

朱德熙（1982）『语法讲义』商务印书馆.

Lamarre, Christine. 2007. The Linguistic Encoding of Motion Events in Chinese--with Reference to Cross-dialectal Variation. C. ラマール・大堀壽夫（編）『空間移動の言語表現の類型論的研究 1：東アジア・東南アジアの視点から』東京大学 21 世紀 COE プログラム「心

とことば―進化認知科学的展開」研究報告書，pp.3-33.（東京大学 21 世紀 COE プログラム「心とことば―進化認知科学的展開」2003-2007 年度最終報告書付属 DVD 業績書，pp.1-31.）

Taylor, John R. 2003. Linguistic Categorization. third edition. Oxford: Oxford University Press.

用例出典

侯精一・徐枢・蔡文蘭（著），田中信一・西槇光正・武永尚子（編訳）（2015）『動詞・形容詞から引く 中国語補語 用例 20000』東方書店.

北京大学中国语言学研究中心现代汉语语料库 URL：http://ccl.pku.edu.cn:8080/ccl_corpus/

吕叔湘（主编）（1999）『现代汉语八百词（增订本）』商务印书馆.

※本稿は 2019 年 10 月 19 日・20 日に開催された " 第二届中日语言与翻译求索论坛 "（於華僑大学）における口頭発表 " 汉语 'V 开 ' 式动补结构的日译研究 " をもとに加筆と修正を行ったものである。

中国語の数量詞句が表すもの
―日本語訳から見た機能―

橋本　永貢子

一　はじめに

　本稿では，中国語数量詞句の日本語訳について，実際の翻訳パターンおよびそれぞれの割合について調査し，さらに各翻訳パターンの状況を分析します。またそこから，中国語の数量詞句が，文レベルにおいて有する意味・機能についても考察します。

　（1）我是再婚，还拖着一个女儿，你不嫌弃吗？（蛙）

　　　（わしは再婚じゃ。それに娘も一人ひっついておるが，いやじゃとは思わないのか？）

　（2）父亲用斗笠装进来一堆烂了半边的桃子用一把生锈的刀子削着，一边削一边叹气。（蛙）

　　　（お父がまんじゅう笠になかば腐った桃を盛って入り，錆びた包丁で削ってはため息をつきます。）

　（1）の中国語原文 “一个女儿” は，日本語で「娘も一人」と翻訳され，語順こそ異なりますが “数詞＋量詞＋名詞” が「名詞＋助詞＋数詞＋助数詞」へと，意味も形式も対応した「直訳」[1]となっています。一方，（2）の “一把生锈的刀子” は，“生锈的刀”（錆びた包丁）のみ訳され，“一把” が訳出されておらず，いわゆる「減訳」となっています。また “一堆烂了半边的桃子” も，“一堆”（一山）が数量表現として直接訳出されていません。しかし，数量詞句ではありませんが，「（桃を）盛って」という表現から，“斗笠” を逆さにして桃が盛り上がるようになっていることが分かりますので，実質的には同じ情報を表す「意訳」とみることができます。中国語も日本語も事物の数量を言う際は，通常，

---

1)　語順については，もちろん，中国語では “数詞＋量詞＋名詞”，日本語では「数詞＋助数詞＋「の」＋名詞」あるいは「名詞＋（助詞＋）数詞＋助数詞」という相違があります。しかし，いずれも “量詞”“助数詞” が訳出されているという意味において，以下，「直訳」として扱います。日本語訳における相違については，建石（2013），勝川（2019）を参照のこと。

数値に加え，単位を表す語を必須とします[2]。しかし，両言語における単位を表す語，すなわち中国語の"量词"と，日本語の「助数詞」は，(2)の例からもわかるように，全て直訳できるわけではありません。どのような時に直訳が許され，どのような時には意訳，減訳になるのでしょうか。そして，意訳や減訳になる場合は，完全に個別的な表現上の問題なのでしょうか，それともある程度の一般化が可能なのでしょうか。

　以下では，こうした問題意識に従い，中国語の数量詞句が表すものについて考察していきます。まず第2節では，中国語の"量词"と日本語の「助数詞」の定義上の異同について確認します。次に第3節では，量詞と助数詞の異同が翻訳の際，どのように表れるのかを概観します。そして第4節では，直訳，意訳，減訳が行われる条件について整理し，第5節では，あらためて中国語の量詞が文レベルで担っている意味・機能について考察します。

二　定義から見る「量詞」と「助数詞」

　中国語では"量词"と言い，日本語では「助数詞」と言いますが，その名が示すように，両者の機能や独立性には，異なるところがあります。それぞれについての定義を見てみましょう。

　中国語の「量詞」については，以下のように定義されています。

　　・"表示事物或动作的数量单位的词"（《实用现代汉语语法》）

　　　（事物あるいは動作の数量の単位を表す語）

　　・"放在数词或代词后面表示计量的单位"（《现代汉语描写语法》）

　　　（数詞あるいは指示代名詞の後ろに置き計量の単位を表す）

　一方，日本語の「助数詞」は，次のように記述されています。

　　・「『ひと‐つ』『ふた‐り』『三‐匹』『四‐個』などの形式は，伝統的には助数詞と呼ばれているが，『つ』『り』『匹』『個』などは，単語の部分であるから，助数辞とするか，類別辞（classifier）とすべきであろう。」（『日

---

2)　ただし，日本語では，助数詞「つ」が用いられる事物について，10以上の数値を示す場合には，「つ」すなわち単位を表す語を伴わず，数値だけで表わします。
　　例：「15の信条」（cf.「7つの信条」）
・「東京2020大会には，206の国・地域が参加を予定しています。」（https://www.o.p.edu.metro.tokyo.jp/）

本語文法辞典』)

・「事物を数える際，原則として数詞は単独で現れることはなく，接辞を伴う。このような数詞に直接付く接辞。」（飯田 1999）

こうした両者の記述からうかがえるように，「量詞」は独立した一つの「語」として認識されているのに対し，「助数詞」は「語」としての性格が希薄で独立性の弱い「接辞」であるという点で大きな相違があります。

また，下位分類の仕方からもその性格の違いを見て取ることができます。

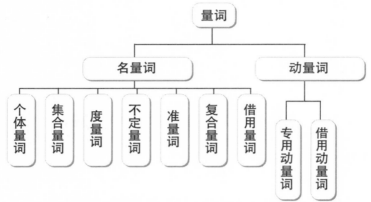

図1 《实用现代汉语语法》における量詞の下位分類

例えば《实用现代汉语语法》では，量詞はまず，"名量词"と"动量词"に二分され，"名量词"は，いわゆる classfier に相当する"个体量词"のほか，measure word または numerative に相当するタイプとして"度量词"，"集合量词"（"双／套／群……"），"借用量词"（"碗／杯／盆……"）など細かく分類されています。"动量词"も，"次／下／回……"などの"专用动量词"と"眼／脚／枪……"などの"借用动量词"に分類されています。

それに対し日本語の助数詞の場合には，そもそもモノに付くのかコトに付くのかという差異にすら中国語ほど明確に分類しませんし，下位分類について詳細に記述する文法書や参考書は多くありません。比較的細かく記載している『基礎日本語文法』では，助数詞（辞）を classfier に相当する類別辞と measure word に相当する単位辞に下位分類しています。[3] この分類は非可算的な事物の

---

3) 単位辞は，さらに下位分類されていますが，これら以外にも長さや面積，体積，あるいは，

数量を言う際に単位が必要であり，classfier を持たない言語においても mea-sure word は持っていることを考えれば，言語一般を意識した分類といえましょう。

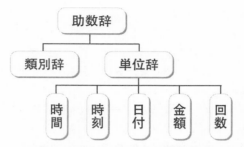

図2　『基礎日本語文法』における助数詞の下位分類

「語」か「辞」かという相違に加え，下位分類の複雑さという点を取ってみても，中国語の量詞は，日本語の助数詞に比べ，言語体系の中でより重要な機能を有していることがうかがえます。

では，中国語の量詞が持つ機能とは一体どのようなものであり，それは，翻訳の際にどのような現象となって現れるのでしょうか。次節では，翻訳方法の相違からその一端を見ていきます。

三　小説における中国語数量詞句の訳出タイプとその割合

量詞と助数詞の相違について分析するために，ここでは具体的な用例がどのように翻訳されているか調査した結果を示します。

調査の対象は，以下の中国語小説に現れる数量詞句のうち，汎言語的に使用される単位詞を除いたものです。単位詞というのは，《实用现代汉语语法》の分類でいう"度量词"（公里，公升，平方米……）"准量词"（年，天，小时……）"复合量词"（架次，人次，秒立方米……）であり，『基礎日本語文法』の分類では「単位辞」に当たるものです。

①《那山那人那狗》：彭见明（1998）《野渡》所收，北京出版社

明るさや温度など様々な単位がありますから，これらの下位分類は単位の一部に過ぎません。こうした記述の仕方からも，日本語では単位辞の下位分類を重要視していないことがうかがえます。

（以下，（那山）と略記）

　　日本語訳→『山の郵便配達』：大木康訳（2001）集英社

②《活着》：余华（1998）南海出版公司

　　日本語訳→『生きる』：飯塚容訳（2019）中公文庫

③《蛙》：莫言（2017）浙江文艺出版社

　　日本語訳→『蛙鳴』：吉田富夫訳（2011）中央公論新社

　また，起点テクストと目標テクストの関係による影響を見るために，日本語の小説を中国語に翻訳したものについても，調査を行いました。

④『鉄道員（ぽっぽや）』：浅田次郎（1997）『鉄道員（ぽっぽや）』所収　集英社

　　中国語訳→《铁道员》：郑民钦訳（2002）人们文学出版社

　複数のテクストを調査したのは，テクストの相違に加え，訳者の解釈や個性により相違があるか否かを確認するためです。大まかな傾向を見ることを目的としているため，①は全文の 105 データを対象としていますが，②は p.1 ～ 37 までの 237 データを，③は第 3 部に現れた 228 データを対象としています。各テクストにおいて，第 1 節で示した，「直訳」「意訳」「減訳」がどのような割合で表れているかをまとめたのが表 1 です。日本語小説を中国語に翻訳した「鉄道員」の場合，減訳は実際には「加訳」になります。

表1　中国語小説における数量詞句の訳出方法

	那山		活着		蛙		鉄道員	
直訳	36	34.3%	59	26.0%	69	30.3%	28	25.5%
意訳	14	13.3%	29	12.8%	25	11.0%	9	9.1%
減訳	55	52.4%	149	61.3%	134	58.8%	74	65.5%
計	105	100.0%	237	100.0%	228	100.0%	111	100.0%

　純粋に数量について述べる場合には直訳されます。したがって，中国語の数量詞句の使用のうちおよそ三分の二，あるいはそれ以上が，計数機能以外の機能を担っていると推測されます。[4]上記の結果だけからいえば，中国語の数量詞句は，半数以上が減訳ということになりますが，その情報を偶然訳出しなかったと考えるには，あまりにも割合が高いように思われます。意訳のように，別

4）　日本語の数量詞句でも，例えば，「一人の男がこういった」のように，計数機能というより不定を表す機能を持つものはありますが，使用割合は高くないため，その機能を考慮してもおよそ三分の一の割合にとどまるだろうと予測しました。

の表現に置き換えられていない，つまり日本語には訳出できないものの，単なる計数機能以上の何らかの機能を担っているのではないでしょうか。それがどのようなものであるのか，次節で詳細に検証していきたいと思います。

四　翻訳タイプ別にみる条件

4.1　「直訳」される場合

　言うまでもなく，量詞も助数詞も，そもそも事物の数量を言う際に使われるものですから，数量が重要な情報となっている場合には「直訳」されます。

　　　（3）一头生竟会有这么多名字？（活着）

　　　　　（牛は一頭なのに，どうしてこんなにたくさん名前があるんだろう。）

　　　（4）只有一次，姑娘认真地问：（那山）

　　　　　（一度だけ，娘が真顔でたずねたことがある。）

　　　（5）屋子里有两张床。两张床中间，安了一张三抽桌子。桌子上堆放着（中略）几本妇科书籍。（蛙）

　　　　　（部屋の中にはベッドが二つ。ベッドのあいだに引き出し三つ付きの机が一脚。机の上には（中略）産婦人科の書物が数冊，積んでありました。）

　（3）〜（5）の例文においては，いずれも数量情報が実質的意味を持っている，すなわち計数機能が明確になっています。（3）では，一般に名前というのは，一個体に一つであるはずなのに，一頭の牛にいくつも名前があるのはどういうことか，という意味で，「一」という数が重要な情報となっています。（4）では，尋ねた回数が，たった一度であったということを強調していますから，省略できない情報になります。（5）では，部屋の中に存在するものを示しており，加えてそれが「二」つ以上存在することは，日本語訳する際に，やはり省略できない情報といえます。また，ここではベッド二台に対し，机が一脚なので，「一」という数も示すべき情報となります。

　一般に，「二」以上の数量を言う場合には，日本語でも訳出しますが，次のように訳出されない場合もあります。

　　　（6）（王胆）挪动着两条细细的小短腿，（後略）（蛙）

　　　　　（（王胆は）細くて短い足を動かし）

　　　（7）她走路时两片大屁股就像挂在楼前的两只灯笼，晃来晃去。（活着）

（歩くたびに大きな尻が門前の提灯のようにゆらゆら揺れた。）
　（6）の“両条”，（7）の“両片”は，いずれも日本語に訳されず，ただ「細くて短い足」「大きな尻」とだけ訳されています。「足」は，一般に二本ありますから，「二本の足を動かし」と訳しても，日本語としておかしくはありません。ただここで訳出されてない理由を考えるならば，特に言及しなくとも，足が二本あると理解できるため，といえるでしょう。それに対し臀部を“両片”と見る，つまり二つの部分から成り立っていると見なすことは，日本人にとってやや意外に感じます。もちろん，そうした見方が可能であることは理解できますが，少なくとも（7）の文において「二片（へん）の」や「二つの」と翻訳することはできません。前者は，臀部を「片」で数えないためですし，後者は，使うことはできますが，二人の臀部と理解されてしまいます。このことはつまり，「二」以上の数であっても，それが最小単位である，言い換えればデフォルト値である場合には，翻訳されないといえます。
　以上より，直訳されるのは，次のような場合ということになります。
　　ⅰ. 数量が「二」以上であり，デフォルト値でない場合
　　ⅱ. デフォルト値であっても，対比的または強調などの意味合いがある場合

4.2　「減訳」される場合

　第3節でみたように，今回調査したテクストでは，中国語の数量詞句の半数以上は「減訳」となります。
　　（8）　这儿有一块歇脚的宽大的青石板。（那山）
　　　　　（ここのは休むのにちょうどよい大きな岩があった。）
　　（9）　屋子里有床有铺，还有一把暖壶两个杯子，吃饭喝水都有人送。（蛙）
　　　　　（部屋にはベッドや敷物もあり，魔法瓶にコップも二つ，食事や水
　　　　　　は届けられます。）
　　（10）我起身后，看到近旁田里一个老人正在开导一头老牛。（活着）
　　　　　（起き上がってみると，近くの畑で老人が年老いた牛を諭している
　　　　　　のだった。）
　これらは，4.1で示した条件ⅱに準じて言えば，「デフォルト値であり，対比的または強調などの意味合いがない」ため，日本語では数量詞句が現れないと言えます。つまり日本語では，特に数量が明示されていない場合，それはデ

---

5)　一般に二つあるものが一つしかない場合には，訳出します。4.3を参照のこと。

フォルト値である「一」だとの暗黙の了解があり，そのため翻訳においても敢えて明示されていないと考えられます。もっとも，中には，デフォルト値であり，しかも対比的あるいは強調などの意味合いが読み取りにくいにもかかわらず，直訳されているものもあります。

　　　（11）父亲小心地拿过一条不长的，弯弯的扁担，熟练地系好邮包。（那山）
　　　　　　（父は，長くはないが，曲がった一本の天秤棒を大切そうに持って
　　　　　　きて，手慣れた様子で郵便袋を結び付けた。）
　　　（12）葛藤坪有一片高低不等的黑色和灰色的屋顶，门前有一条小溪。（那山）
　　　　　　（葛藤坪には高低さまざまの黒や灰色の屋根がぎっしり並んでおり，
　　　　　　村の入り口の門の前には一筋の小川が流れていた。）

　ただし，これらの日本語訳から数量詞句「一本の」や「一筋の」を削除したとしても，日本語としてはごく自然ですし，「天秤棒」や「小川」の数量について思い惑うことはありません。筆者の個人的な語感で言えば，数量詞句を訳出することで書き言葉あるいは文学的表現独特の硬さが出るように思います。

　また，特に硬い表現でなくても，不定の事物を導入する際に「一＋助数詞」を用いることはあります。この場合，名詞を裸のまま提示する場合と比べれば，「聞き手に注目させる」意味合いが出てきます[6]。

　　　（13）二学期の最初の日，教師が一人の転入生を教室に連れてきた。
　　　（13）' 二学期の最初の日，教師が転入生を教室に連れてきた。

　（13）は，小学生の作文に書かれていたとしても違和感がなく，決して硬い文ではありません。しかし「一人の」という数量詞句があることで，少しもったいぶったような印象があり，（13）' に比べ，転入生への注意を向けるようなニュアンスが感じられます。（13）の文は，実は次のように転入生の外見についての説明が続いており，比喩的に言えば，転入生にスポットライトが当たった表現になっています。

　　　（14）五年生になって二学期の最初の日，教師が一人の転入生を教室に連
　　　　　　れてきた。首に白い包帯をまき眼鏡をかけた小さな子だった。（建
　　　　　　石 2017:102）

　では，数量詞句の無いものは，どのような環境で現れるのでしょうか。

　　　（15）学級の世論は反担任に傾いていた。そして二学期，転校生がやって
　　　　　　きた。「授業中は静かに，きちんと」「決まりは守りましょう」とい

6）詳しくは，建石（2017）を参照のこと。

う先生に，「前の学校は違った」「決まりの理由がわからない」とことごとく反発する。(『学級崩壊』)

（15）は（14）と同じように，転入生（転校生）についての記述が続いているようですが，さらに前後の文を見ると，あくまでも担任に対して反発する生徒が増えたという視点で描かれていることが分かります。比喩的に言えば，転校生は，教師も含めた教室全体を広くとらえた中で中心的な場所に位置しているにすぎません。つまり，（14）のような日本語における数量詞句の不定冠詞的用法は，表現的あるいは語用論的必要から付加されているものだと言えます。

これに対し，中国語の数量詞句は，意味論的必要から付加されており，構文によっては，数量詞句がなければ，独立した文として成立しないことがあります。

（16）a. ＊我吃了苹果。　　b. 我吃了<u>一个</u>苹果。

（17）a. ＊我给了邻居鱼。　　b. 我给了邻居<u>两条</u>鱼。

（18）a. ＊门口站着人。　　b. 门口站着<u>几个</u>人。

（黄南松 1994:444-445）

中国語の量詞は，計数機能以外に，類概念としての事物を個別・具体的な事物として提示する個体化機能[7]を持っています。数詞は「一」に限りませんが，量詞を付加し，事物を個別の具体的なものとして提示することによって，文を独立して成立させる機能を持つことがあります。しかし，日本語の場合，文の成立に数量詞句は関与しませんから，個体化させるために数量詞を付加する必要もありません。こうした相違のため，中国語を日本語に翻訳する際，数量詞を訳出する必要のないことがあり，それが表1で見た減訳の多さとして現れています。

（19）那个夏天我还差一点谈情说爱，我遇到了<u>一位</u>赏心悦目的农村女孩，她（中略）弄着<u>一根</u>竹竿在照看一群肥硕的鸭子。　　（活着）
（その夏，ぼくはもう少しで恋に落ちるところだった。<u>とても美しい</u>農家の娘に出会ったのだ。彼女は（中略）<u>竹竿</u>を繰りながら 太ったアヒルの群れを追っていた。）

（19）のように，あるデキゴトの中で提示される事物に付く数量詞の用法は，

---

7) 大河内（1985）参照。例えば，" 这儿有警察吗？" は，警察官ならだれでもよい，とにかく警察官である人はいるかという類レベルの問いですが，" 这儿有个警察吗？" というと，話し手の意識にある特定の警察官の存在を問うことになります。

英語の不定冠詞に似ていますが，こうした用法では，数詞を伴わず，量詞のみ現れることがあります。

(20) 父亲说，他家房后不是有<u>片</u>菜园子吗？菜园子里有<u>口</u>水井，水井上有架辘轳，地洞的出口在井里。（蛙）

（お父が言いました。あれの家のうしろは野菜畑じゃないか？あそこに井戸があって，井戸には轆轤があろうが。地穴の出口はその井戸じゃったのじゃ。）

このことから，不定冠詞的機能の中心は数詞"一"ではなく，むしろ量詞にあることが分かります。日本語の助数詞はあくまでも助数詞，すなわち「数」を「助」ける語であり，数詞を伴わず単独で現れることはなく，計数機能以外の機能も希薄です。したがって，(19) の日本語訳に数量詞は不要ですし，ましてや (20) の用例においても必要ありません。

ところで，集合量や時間量は，単位詞がなければデフォルト値が設定できませんから，中国語に数量詞句があれば，それを必要な情報として訳出するべきだと思われます。しかし，集合量や時間量の場合であっても，日本語では訳出しない場合があります。

(21) 一个穿短裤的男人（中略）把我引到井旁，殷勤地替我打上来<u>一桶水</u>，（後略）（活着）

（下着一枚の男がぼくを井戸に案内し，親切に<u>水</u>を汲んでくれた）

(22) 屋子里有<u>一股香皂的味儿</u>。（蛙）

（部屋の中には<u>石けんの香り</u>がしました。）

(23) 王胆发出<u>一阵令人毛骨悚然的、撕肝裂胆般的哭叫声</u>。（蛙）

（<u>内臓も破裂せんばかりの泣き声</u>を上げました）

4.1 で見たように，必要な数量情報は日本語でも訳出します。したがって，(21) ～ (23) で数量詞が訳出されていないのは，翻訳者がそれを単なる不定のマーカーであり，(8) ～ (10)，あるいは (19) の用例と同様，真の意味での数量情報ではないと解釈したためだと考えられます。[8]

---

8) "几"の場合にも，訳出しないことがあります。
・他又陥入痴想，一个人兀自笑了，觉得身子腿脚轻松了许多，甚至，想吹<u>几句</u>口哨儿。（那山）
　（（前略）<u>口笛</u>を吹こうとさえ思ったほどだ。）
・等到牌桌上赌注越下越大，沈先生才咳嗽<u>几声</u>，慢悠悠地走过来，（後略）（活着）
　（（前略）沈先生は咳払いをして，おもむろに近づいてくる。）
"几句"は「ちょっと」のように意訳してもよいでしょうし，"几声"は「何度か」と訳すことができますし，実際に訳出しても何ら問題はありません。しかし，ここで訳出しなかっ

以上のことから，減訳される条件として，次の二点を挙げておきます。

    ⅰ．数詞が無く，量詞のみの場合

    ⅱ．事物のデフォルト値であり，かつ，計数機能が希薄な場合（個体化機
       能のために用いられている場合）

4.3 「意訳」される場合

  最後に，「意訳」される場合の状況を見ていきましょう。意訳は，さまざま
なレベルで出現しえますが，ここでは句レベルで対応し，またパターン化して
いるもののみ取り上げます。

4.3.1 定型的意訳

  "一"は，辞書にも記載されているように，数詞としての意味から派生して「同
一，同じ」「全て，全体」の意味を有しており，量詞が付加されてもその"一"
の意味で翻訳されることがあります。量詞は，訳出されなかったり名詞として
訳されたりします。

    （24）父子俩睡在<u>一张</u>床上。（那山）

        （父と子の二人は<u>いっしょの</u>ベッドに寝た。）

    （25）他<u>一脸</u>络腮胡须，一头鬈发，穿一件破背心，露着胸膛上的黄毛，那
        样子很狼狈。（蛙）

        （<u>顔は髭だらけ</u>で，髪の毛は縮れ，おんぼろタンニングシャツを着
        ただけで（後略））

  （24）は「一台のベッド」と翻訳してもおかしくありませんが，「同じ」とい
う解釈を含んだ訳語にした方がより分かりやすくなります。（25）は直訳すれ
ば「顔全体が髭」という意味になりますが，「〜だらけ」と訳すほうがイメー
ジしやすく描写性が高まります。"一身汗""两手泥"も「体中汗だらけ」「手が
泥だらけ」のように訳す方が，数量詞の意味を適切に表すことができます。

  また，"量詞＋量詞"や"一＋量詞＋量詞""一＋量詞＋一＋量詞"のような
重ね型の構造も，「全て」「たくさんの」といった量の多さや「一つ一つ」といっ
た逐次性を表しますので，直訳ではなく，構造が持つ意味を生かして翻訳する
ことがあります。

た理由の一つは，やはり真の意味での数量情報ではない，あるいは概数であるがゆえに数
量情報として不可欠なものではないと解釈したためだと考えられます。

（26）我娘也一遍遍说着要进城去看孙子（後略）（活着）

　　　（お袋は口では何度も孫の顔を見に行ってくると言ったが（後略））

このほか，不定冠詞的な機能を持つ「ある」もパターン化した翻訳語です。

（27）公社派工作组进村，开社员大会，宣布了一个政策：全村的人，凡是
　　　能走路的，都去找王胆。（蛙）

　　　（公社は工作組を村に派遣して社員大会を開き，ある政策を公布し
　　　　ました——全村のもので，歩ける人間は全員王胆を探すこと。

（28）在农忙的一个中午,我走进一家敞开大门的房屋去找水喝（後略）（活着）

　　　（農繁期の午後に，水をもらおうとしてある家の門を入ったときには）

　不定の事物を導入する際に付加される数量詞句は，一般に減訳となりますから，「ある」と翻訳するのには，別の条件が存在すると考えられます。一つは，4.2の（13）で挙げた「一人の転校生」と同じく，聞き手の注意を喚起させる場合です。

（29）二学期の最初の日，教師が｛一人の／ある｝転入生を教室に連れて
　　　きた。

　もう一つは，事態の個別性を表すため，情報的に必要とされる場合です。

（30）私は｛ある人／*人｝の影響をずっと受けています。それは田中先
　　　生です。

（31）｛ある研究所／*研究所｝が〈正義の薬〉なるものを開発した。それ
　　　はただ一錠飲めばよく，服用によってたちまち性格が変って正義の
　　　人となり，しかも，その作用は一生つづくのである。

　建石（2017）は，（30）の「ある」を「聞き手に注目させる用法」，（31）の「ある」を「聞き手に配慮する用法」としています。一方で，中国語の数量詞句を日本語訳する場合に注意しなければならないのは，これらの「ある」が必須であることです。「ある」が付加することで，話し手の中には特定の対象が想起されていることが分かり，それによって，文が個別の事象（event）を示し得ます。しかし，もし「ある」が無ければ，個別の事象を表すものとしては情報が不十分で実在性に欠けてしまい，一つの文として成立しなくなります。こうした現

---

9) 話し手は当該の名詞句の内容を知っているが，具体的に述べず情報量を減らす形で聞き
　 手に提示する用法をいう。（建石 2017：79-80 参照）

10) 建石（2017：51-70）は，「ある＋名詞」と不定名詞（裸の名詞）の用法を比較し，「あ
　 る＋名詞」は現実的な事態に用い,不定名詞は非現実的な事態に用いることも指摘しています。
　 このことからも「ある」の付加が,現象の実在性,個別性に寄与していることがうかがえます。

象は，（16）〜（18）で見たような中国語における数量詞句の機能とまさに軌を一にするものです。実際に，日本語訳する際に，単純な不定マーカーとして減訳されるのか，あるいは文の成立に必要な要素として訳出されるのかは，コンテクストから判断するしかありません。

（32）还有一个晚上我打着手电赶夜路时，在<u>一口池旁</u>找到了两段赤裸的身体，（後略）（活着）

（またある晩，懐中電灯を手にして夜道を歩いていたとき，ぼくは<u>池のほとり</u>で重なり合う裸体を発見した。）

（32）は，小説の中で（28）の少し前に出てくる部分ですが，ここでは場所を表す名詞句に「ある」が付加されません。事象の時点を示す語に「ある（晩）」を用いたために，場所を示す語に「ある」を付加しなかったと推測されます。また，後続する（28）の訳文は，（32）に対して敢えて変化をつけたのかもしれません。

4.3.2　非定型的意訳

以上の意訳は，"一"や数量詞構造が持つ派生的意味を，そのまま訳したものですから直訳に近い意訳ともいえます。以下では，"一"の語義として辞書では示されていないものを取り上げます。

まず，よく知られていることですが，本来二つあることがデフォルトである事物に対し，日本語ではそのうちの一つを指示する際，「片（方）」を用います。"一只手""一只眼睛""一条腿"などは，「一つの手」「一つの目」「一本の足」と訳しても間違いではありませんが，「片手」「片方の目」「片足」などのように訳すことが少なくありません。

（33）姑姑一探身，伸出了<u>一只手</u>。（蛙）

（身を乗り出した伯母が，<u>片手</u>を伸ばします。）

また，"一种"は単にある事物のカテゴリーに属するものを言う場合もありますが，ある意味でほぼ同類といえる場合や，あるカテゴリーに近いものであるというような場合にも用います。そうした文脈での意味をくみ取り，「〜のような」と訳すこともできます。

（34）我的心中，产生的是<u>一种</u>莫名的激动。（蛙）

（わしが心に感じたのは言いようのない感動の<u>ような</u>ものでした。）

さらに，中国語では空間量で表わされているものが，日本語では時間量で訳

される場合もあります。[11]

（35）我在那条路上走了<u>几步</u>，走不动了。（活着）

（歩き出して<u>間もなく</u>，おれは立ち止った。）

（36）<u>一团团</u>烟雾从碧绿的玉米田中腾起使这残酷劳动有了几分心意。（蛙）

（噴霧の塊が<u>次々と</u>トウモロコシ畑に上がって，残酷な労働に何ほ
どかの詩的趣を<u>生んでいました</u>。）

（35）を「数歩，歩いて」（36）を「幾つもの噴霧の塊が」と翻訳しても，
日本語として問題はありません。しかし，「歩き出して間もなく」「噴霧の塊が
次々と」とする方が，時間的変化を示す分，描写性が高くなります。翻訳者は，
空間量を時間量に変えて示した方が，原文と訳文においてより等価に近くなる
と判断したのではないでしょうか。

原文の「精神と態度を伝え」つつ，訳文においても原文と「類似の反応を引
き出す」工夫として[12]，もう一つ挙げられるのは，**擬態語擬声語**，すなわちオノ
マトペへの翻訳です。

（37）他将我上下打量<u>一番</u>后问，（後略）（活着）

（ぼくを<u>じろじろ</u>眺めてから聞き返した。）

（38）家珍的脑袋像是拨浪鼓那样摇晃了<u>几下</u>（活着）

（家珍の頭はでんでん太鼓のように<u>ゆらゆら</u>と揺れた。）

（39）到处都是<u>一柱柱</u>冲天的浓烟，向着同一个地方弯过去。（活着）

（あちこちで<u>モクモク</u>煙が上がり，同じ方向にたなびいている。）

（37）の"一番"を「ひとしきり」，（38）の"几下"を「何回か」，（39）の"一
柱柱"を「何本も」と翻訳しても十分に意味は通ります。しかし，擬態語を使
用した方が，より描写性が高まり，イメージしやすくなります。

（40）瘦了整整<u>一圈</u>　　→　げっそり痩せ

看了<u>一眼</u>　　　　　→　<u>ちらり／ちらっ／ちら</u>と見た

踢<u>一下</u>　　　　　　→　<u>ポン</u>と蹴る

---

11) 日本語において，時間語彙が空間的事態に使用される現象については，定延（2002），
寺崎（2016）等参照。
12) Nida（1964）（Munday2008 の引用に拠る）は，翻訳が「等価」であることについて，
次の「四つの基本的要件」を挙げている。
1）意味をなすこと
2）オリジナルの精神と様式を伝えること
3）自然で簡単な形式の表現を有すること
4）類似の反応を生み出すこと

一屁股坐到了地上　→　ペタンと座り込んだ

泪水一行行地滚下来　→　涙がはらはらと滑り落ちていきました

　これらは，事物の数量や動作の回数などの実質的な数量情報を表すというより，むしろ現象や動作の様子を示すものと理解できます。したがって，日本語としては擬態語による翻訳の方がより効果的だと言えるでしょう。

4.3.3　本節のまとめ

　以上，「意訳」について，拡張義や構造の意味からの定型的意訳の状況と目標言語，すなわち，日本語の表現に合わせた非定型的意訳の状況を概観しました。意訳は，テクストの中で最も等価効果が上がるように工夫を凝らすものですから，同じ語句であってもテクスト次第で訳し方が異なっても不思議ではありません[13]。したがって，すべてをパターン化することは困難ですが，比較的よく用いられる手法として本節で挙げたものから，意訳される条件を二点挙げておきます。

　　ⅲ．中国語の " 一 " の派生義，および量詞の重ね型構造が有する意味で用いられていることが明らかな場合

　　ⅳ．不定マーカーとしてではなく，かつ数量情報というより様態描写機能を有する場合

五　中国語の数量詞句が表し日本語の数量詞句が表わさないもの

　ここまで，量詞と助数詞の定義，中国語助数詞が日本語訳される場合のタイプとその状況について見てきましたが，最後に中国語と日本語における数量詞句が表わすものについて改めて考えてみます。

　まず，割合的に最も大きい減訳の現象について見ていきましょう。前述したように，中国語の数量詞句は，計数機能のほかに，個体化機能を持ち，不定の事物を示す際に付加されます。日本語では，強調する場合や前後文があっても

---

13)　・这时太阳已经把山的顶尖染成一片金色（那山）
　　（この時，太陽はすでに山の頂きをすっかり金色に染め上げていた。）
　　・老全爬出了坑道，走到一大片死人中间（后略）（活着）
　　（老全は塹壕を出て，見渡す限りの死人の中に入って行った。）
　　この二つの文にはいずれも " 片 " という量詞が用いられていますが，訳語の相違は " 大 " の有無によるというよりは，イメージの相違によるものと考えられます。

指示する数量が曖昧になる場合を除き，一般には，数量詞句を付加しませんから，この点が，中国語と日本語では大きく異なってきます。もっとも，中国語でも不定の事物全てに数量詞句が付加するわけではありません。

（41）葛藤坪有一片高低不等的黑色和灰色的屋顶，门前有一条小溪。（那山）

（42）我们这里虽有大河，但船的数量很少，（後略）（蛙）

（43）家珍穿着月白色的旗袍，提着一盏小煤油灯，和几个女伴上学。（活着）

（41）も（42）も川の存在を言うものですが，前者には"一条"が付き，後者には"大河"のみで数量詞が付いていません。（43）では，"旗袍"には数量詞が付加せず，"小煤油灯"には数量詞"一盏"が付加しています。橋本（2014:190–195）は，中国語の量詞が，抽象的な＜コト＞を具体的なデキゴトとして描写する際に，実在化の機能を担うと指摘しています。具体的なデキゴトとして描くためには，必ずしも全てのモノが個体化している必要はありませんし，全てのコトが個別化している必要はありません。必要性は構文によっても異なりますし，文脈によっても異なりますが，文が個別の事態として理解されるだけの具体性，あるいは形象性が必要とされます[14]。こうした実在性に関する手がかりを，日本語ではテンスやアスペクトに多く求めますが，中国語の場合は，数量詞句がその機能の一部を担っていると見ることができます。この点において，中国語の数量詞句は，日本語の数量詞句に比較して，文を成立させるための重要な機能を持ち，その結果，出現頻度も高くなるのです。

一方で，形象性についても，日本語の数量詞より広範に機能していることを，重ねて指摘しておきます。上述したように，数量がデフォルト値である場合には一般に訳出しませんが，形象性が比較的高い，重ね型や様態描写の場合には，そのイメージを訳出することで等価効果が上がります。

（44）家珍给他扣纽扣时，她眼泪一颗一颗滴在自己腿上。（活着）

　　　（家珍はボタンをとめてやりながら，自分の膝にポタポタと涙を落した。）

（45）一线阳光从云层中射出，照着姑姑的脸，也照着浊浪滚滚的河面，使姑姑像一个末路的英雄。（蛙）

---

14)　a）？？小龙一进门就看到饭桌上有电脑。
　b）小龙一进门就看到饭桌上有一台电脑。
　a）が一つの文として不安定であることについて，木村（2011）では，「数量詞を伴わない裸名詞は，存在対象の個別的実体としての輪郭に乏しく，視覚性や形象性が保証されなくなる」ためだと指摘している。

（雲の間から差し込んだ一筋の光が伯母の顔を照らし，濁流逆巻く
河面を照らし，伯母を末路の英雄のように見せていました。）

（44）において，「一滴一滴」では物質的な硬い表現となりますから，「ポタ
ポタ」のように擬態語を用いた方が，形象性が高くなります。上述のように（41）
の「小川」は「一筋」を訳出しない方が自然ですが，（45）では「一筋」を訳
出した方がイメージしやすくなります。「光」は「小川」と異なり，いわゆる
非可算的なものですから，そのデフォルト値というものが設定できないため，
数量を明示することが却ってイメージの助けになるのでしょう。

こうした機能の相違に加え，日本語では，そもそも数量に対して，中国語ほ
ど明示的ではないということも指摘しておかなければなりません。4.2の（21）
〜（23）でも示したように，集合量や時間量であっても訳出しないことがあり
ますし，明らかに誤解を生むような場合ですら訳出しないことがあります。

（46）远处的宽路上，有几辆三轮拖拉机在奔跑。（蛙）

（遠くの広い道では三輪トラクターが走っていました。）

（47）一走进村里，二喜就拆了两条大前门香烟，见到男人就往他手里塞，
嘴里连连说："多谢，多谢。"　　　　　　　　　　　　（活着）

（村に入ると，二喜は高級タバコの「大前門」を取り出し，男たち
に配りながら言った。「ありがとう，ありがとう」）

（46）の日本語訳から，ネィティブスピーカーの脳裏に浮かぶのは一台の三
輪トラクターである可能性が極めて高いです。（47）では，二カートンを開け
たというのですから，箱ごと配っているはずですが，日本語訳だけを見れば，
タバコを一本ずつ配っていると理解しても不思議ではありません。これらは，
ミスリードではありますが，翻訳の要件が「自然で簡単な形式の表現」で「類
似の反応を生み出すこと」[15]であるならば，不適切とは言い切れない側面もあり
ます。

（48）龙二身后站着一个跑堂的，托着一盘干毛巾，龙二不时取过一块毛巾
擦手。（活着）

（龍二の後ろには，ボーイが，乾いたタオルをお盆にのせて立って
いた。龍二はしきりにこの乾いたタオルで手を拭く。）

（48）でも，この訳文から，ほとんどのネィティブスピーカーはお盆に乗っ
ているタオルは一枚だとイメージするでしょう。しかし，この訳文に関しては，

---

15)　Nida（1964）（Munday2008の引用に拠る）参照。

次のような後続する場面描写によって，一枚ではないことが分かります。

（49）「最後の勝負にしよう」

龍二は残っていた最後のタオルをお盆から取り，手を拭きながら言った。

もちろん，常に前後文から実際の数量が明らかになるというわけではありません。しかし，数量表現がなくても，実際には，デフォルト値と理解しており，場面をイメージすることはできているのです。日本語では文脈から数量情報を読み取る，すなわちコンテクストに依存する度合いが中国語より高いということは言えるでしょう。

「減訳」の割合に示すように，中国語の数量詞句は日本語の数量詞句に比べ，使用範囲が広い，則ち量詞は助数詞以上の文法機能を担い，文を成立させるための一つの主要な手段となっています。同等な文法カテゴリーのようでありながら，実際には大きな相違があり，そのことが，定義はさておき，下位分類における詳細さに反映されていることも合わせて指摘しておきます。

六　おわりに

以上，中国語の数量詞句について，実際の日本語訳の状況をもとに，中国語の量詞と日本語の助数詞の異同について見てきました。「はじめに」に示した問題提起に対応する回答として，本稿での主張を以下のようにまとめておきます。

Ⅰ．デフォルト値を除く数量情報は，日本語でも数量詞句で表わす。様態描写に傾くものは，場面に応じ，オノマトペをはじめとした適切な表現に訳出する。

Ⅱ．デフォルト値を示す不定冠詞的用法は，一般に日本語へ訳出しない。

Ⅲ．中国語の数量詞句は，具体性・形象性を示すことで文の成立に寄与し，その機能のため，使用頻度が高い。

一見，同等に見える文法カテゴリーであっても，言語が異なれば多少なりともその機能，使用場面には相違があります。翻訳研究は，より適切な翻訳を探求するのみならず，統語論や意味論，さらに語用論研究にも寄与するところが少なくありません。そうした研究結果がまた翻訳にも生かされていくはずです。本稿での考察も両研究分野の発展に些かなりともつながることを心から願います。

参考文献

朝日新聞社会部（2001）『学級崩壊』（国立国語研究所『現代日本語書き言葉均衡コーパス』に拠った）.

飯田朝子（1999）『日本語主要助数詞の意味と用法』東京大学大学院提出博士論文.

大河内康憲（1985）「量詞の個体化機能」『中国語学』232 号，日本中国語学会，pp.1-13.

勝川裕子（2019）「中国語の数量詞フレーズの日本語訳について」『中文日訳の基礎的研究（一）』日中言語文化出版社，pp.24-47.

木村英樹（2011）「"有"構文の諸相および「時空間存在文」の特性」『東京大学中国語中国文学研究室』Vol.14，pp.89-117.」

定延利之（2002）「時間から空間へ？－＜空間的分布を表す時間語彙＞をめぐって」『対照言語学』東京大学出版会，pp.183-215.

建石始（2013）「日中両言語における数量詞の分布と意味・機能－『N ＋の＋数量詞』『数量詞＋の＋ N』『副詞句としての数量詞』を中心に－」『中国語話者のための日本語教育研究』第 4 号，日中言語文化出版社，pp.1-17.

建石始（2017）『日本語の限定詞の機能』日中言語文化出版社.

寺﨑知之（2016）『日本語の時間表現に関する認知意味論的研究』京都大学提出博士論文.

新田義雄他（2014）『日本語文法辞典』大修館書店.

橋本永貢子（2014）『中国語量詞の機能と意味─文法化の観点から』白帝社.

益岡隆志・田窪行則（1992）『基礎日本語文法』くろしお出版.

黄南松（1994）《试论短语自主成句所应具备的若干语法范畴》《中国语文》第 6 期，pp.441-447.

刘月华等（2001）《实用现代汉语语法》（增订本）商务印书馆.

张斌（主编）（2010）《现代汉语描写语法》商务印书馆.

Munday,Jeremy（2008）INTRODUCING TRANSLATION STUDIES, Routledge Taylor & Francis Group（鳥飼久美子（監訳）2018『翻訳学入門』みすず書房）.

"V着""在V"の日本語訳について
―「Vている」への翻訳の可否―

右寄せ

古賀　悠太郎

一　はじめに

　この論文では，中国語の"V着"と"在V"の日本語訳について考えていきたいと思います。

　"V着"は状態や動作の持続を表すことがあり，また"在V"は動作の進行を表すことが多いため，どちらも日本語の「Vている」に対応しやすいとまずは考えられます。

（1）老师今天穿着一件红上衣。〔V着，状態の持続〕
　　　先生は今日赤いシャツを着ている。
（2）妈妈站在窗口，向我挥着手。〔V着，動作の持続（進行）〕
　　　お母さんが窓辺に立って，私に手を振っている。
（3）老师在做什么？怎么不来上课？〔在V，動作の進行（持続）〕
　　　先生は何をしているの？なぜ授業に来ないのですか？

　　　　　　　　　　（例 1-3 は下線，日本語訳も含めて下地 2010:88 より引用）

　しかし，中国語には"V着"にしなくても状態や動作の持続を表す動詞が多いようで，そのため日本語の「Vている」が中国語の"V"（動詞に他の成分が

---

1)　たとえば陈月明（1999:11-12）は"V着"は動作（action）の持続を表し"在V"は活動（activity）の進行を表すと述べており，「（動作の）持続」と「（活動の）進行」を区別しています。しかし，左思民（2003:75）が指摘するように，「持続」と「継続」を区別したとしても，"唱着卡拉OK"と"在唱卡拉OK"のように両方が可能である場合について説明できるわけではありません。この論文では，「持続」と「進行」を区別する必要はないと考え，「動作の進行」に統一したいと思います。
2)　下地（2010:87-88）は日本語の「Vている」に対応し得る中国語表現のうち代表的なものとして"V着""在V"の他に"V呢"も挙げています。しかし，"V呢"については「語気助詞"呢"に「相手の注意を喚起する」語気の意味の外に，さらに「進行」の意味があるかどうか疑わしい」（讃井 2000:61）という指摘もあることから，この論文では考察の対象外にしたいと思います。
3)　日本語にも「問題が {存在する / 存在している}」のように「Vている」にしてもしなくても状態の持続を表す動詞や，「問題が {ある / *あっている}」のようにそもそも「Vている」にすることができない動詞が存在します。しかし，この種の動詞は中国語のほうが多いようです。太田辰夫氏が 1950 年の段階で「中国語の動詞は，それ自身で"持続"をあら

一切伴わない形）に対応することが多いようです。たとえば，日本語の「知っている」が中国語の“知道”に対応するという現象がこれにあたります。

　　（4）私はこのことを｛知っている／＊知る｝。〔状態の持続〕

　　　　我｛知道／＊知道着｝这件事。〔状態の持続〕

　また，動作の進行についても，中国語では文脈などから進行中であることが了解される場合にはわざわざ“在 V”（あるいは“V 着”）の形を取らないこともあるようです。「テンス・アスペクト的要素は場合によって省略しうる」（讃井 2000:54），「文脈により継続相の標識が明示されないことがあ（る）」（下地 2010:93）という指摘がある通りです。

　　（5）“你也等人？”她点点头。〔動作の進行〕

　　　　「あなたも人を<u>待ってる</u>んですか？」彼女はうなずいた。〔動作の進行〕

　　　　　　　　　　（讃井 2000:60，下地 2010:93 より引用。下線は筆者による）

　なお，この場面では“你也在等人？”のように言うことも可能であり，讃井（2000:60）によれば特に中国南方の出身者はそのように言う可能性が高いようです。

　以上の現象を考え合わせると，中国語の“V 着”や“在 V”の使用範囲は日本語の「V ている」よりは狭い，したがって，少なくとも理論上は，<u>中国語の“V 着”“在 V”は多くの場合日本語の「V ている」に翻訳できる</u>（「V ている」が“V 着”“在 V”に翻訳できるとは限らない）ということになりそうです。では，本当にそうでしょうか。

　この論文では，中国語の“V 着”と“在 V”について，①日本語の「V ている」とどの程度対応し得るのか，②「V ている」に翻訳されるのはどのような場合なのか，③「V ている」の他にどのような日本語訳があり得るのかといった問題を考えていきたいと思います。

二　用例の出典

　この論文では，中国語原文の長編小説（①②）と短編小説（③）から収集された“V 着”“在 V”の例とその日本語訳を主なデータとして議論を進めていきたいと思います。使用したのは以下の 3 つの作品です。

わすことができるものが多い」（太田 1950／1995:68）と指摘しているのは慧眼であると言えるでしょう。

① 毕飞宇《推拿》（人民文学出版社，2008 年）

飯塚容（訳）『ブラインド・マッサージ』（白水社，2016 年）

② 余华《兄弟 下部》（上海文艺出版社，2006 年）

泉京鹿（訳）『兄弟 上 文革篇』『兄弟 下 開放経済篇』（文芸春秋，2008 年）[4]

③ 苏童〈十九间房〉《钟山》1992 年第 3 期[5]

齋藤晴彦（訳）「十九間房」中国現代文学翻訳会（編）『中国現代文学 20』（ひつじ書房，2018 年）

今回は，上記 3 つの作品を 1 ページ目から読んでいき，"V 着" は 150 例ずつ，"在 V" は 50 例ずつ収集することにしました。ただし，《十九》についてはそもそも作品全編で "在 V" が 17 例しか見いだされなかったので，その 17 例を調査の対象にしました。したがって，この論文で使用する "V 着" と "在 V" の例文の数は下の表 1 の通りになります。

表1 例文の出典と収集した例文数

	V 着	在 V
推拿	150	50
兄弟 下部	150	50
十九間房	150	17
合計	450	117

なお，"V 着" を "在 V" よりも大量に収集したのは，"V 着" のほうが "在 V" よりも明らかに高頻度で使用されるという事実を考慮してのことです。すぐ上で述べた通り，《十九》では "V 着" は少なくとも 150 例以上存在するのに対して，"在 V" は 17 例しか見いだされませんでした。また，《兄弟》では "V 着" は第三章までで 150 例収集できましたが，"在 V" は 50 例収集するために第十五章まで読む必要がありました。

---

4) 《兄弟 下部》の第一章から第十章の日本語訳は『上 文革編』に，第十一章から第五十章の日本語訳は『下 開放経済篇』に収録されています。

5) その後，苏童の小説集《十九间房》（辽宁人民出版社，2013 年）などに収録されています。

三 "V着"の日本語訳

3.1 "V着"の日本語訳の統計

　まず，今回収集した"V着"の450例がどのように日本語訳されているかを調べたところ，下の表2のようになりました。

表2 "V着"の日本語訳

	合計（450例）	推拿	兄弟	十九
Vている（ていた）	69（15.3％）	15	21	33
Vる（た）	59（13.1％）	19	20	20
て形	100（22.2％）	34	38	28
連用形	41（9.1％）	11	14	16
ながら	68（15.1％）	13	30	25
（その他）	113（25.1％）	58	27	28

　表2から，"V着"が「Vている（ていた）」に翻訳されている例は15.3％にすぎないということが分かります。この数字は「Vる（た）」への翻訳（13.1％）と大差がありません。

　また，実は最も多いのは「て形」への翻訳（22.2％）であるということに気がつきますが，この事実は非常に重要です。さらに，「連用形」への翻訳（9.1％）や「ながら」への翻訳（15.1％）も一定数を占めています。

（6）一条土沟环绕着这个村庄，（十九）

　　一本の空堀が，この集落を<u>囲んでいた</u>。〔Vている（ていた）〕

（7）刘作家趁机退到了墙角，指挥着他手下的几个供销员：（兄弟）

　　劉作家はそのすきに部屋の隅に逃げ，部下の販売員たちに<u>指図した</u>。〔Vる（た）〕

（8）张一光撑着床框，站起来了，（推拿）

　　張一光はベッドに<u>手をついて</u>立ち上がった。〔て形〕

（9）（六娥）怀里抱着一只米箩走过来了。（十九）

　　（六娥は）米の入った大きな竹籠を懐に<u>抱え</u>歩いてきた。〔連用形〕

（10）李光头摇着头对宋钢说：（兄弟）

　　李光頭は頭を<u>揺らし</u>ながら言った。〔ながら〕

3.2 "V着"の意味の分類

　では，"V着"はどのような場合にどのように日本語訳されるのでしょうか。この問題について考察するために，まずは"V着"が表す意味を分類しておきたいと思います。

　この論文では，"V着"の意味をまず「持続」（状態・動作の持続を表す）と「方式・手段」（後ろの動詞句の方式・手段などを表す）に分けたいと思います。その根拠は，方梅（2000）が"V着"の特徴は「均質性」「依存性」「背景描写」の3つであると述べていることです。この3つは，筆者の理解ではそれぞれ次のようなことを指していると思われます。

　　①均質性：どの時点を観察しても動作や出来事が同じ状態であること。同じ
　　　　　　　状態の持続。
　　②依存性：後ろの動詞句に依存して，後ろの動詞句が表す動作の方式や手段
　　　　　　　を表すこと。
　　③背景描写：後ろに続く動詞句の背景となる事柄を描写すること。

　方梅（2000）のこの主張にはまったく異存ありませんが，"V着"の日本語訳の方法を整理するにあたり「③」は当面取り上げる必要がないと思われますので，ここでは"V着"の意味を「持続」（＝①）と「方式・手段」（＝②）に大別することにします。[6]

　ただし，「持続」については，"V着"についての讃井（2000）の説明にも注意を払う必要があります。讃井（2000:57）は中国語の"V着"の意味を「＋実現，＋持続，±終結」と表現しています。これは，動作や出来事が実現し一定期間持続する（した）ことは表すものの，その持続する（した）動作や出来事の終結まで表しているか否かは分からないということです。"V着"が終結までは表さない場合はたしかに「持続中」ということになりますが，終結も表す場合にはもはや持続中ではなく「終結後」ということになります。我々としては，"V着"が必ずしも持続中を表すわけではないということに注意が必要です。そこで，上に挙げた"V着"の2つの意味のうち「持続」のほうはさらに「持続－持続中」（一定期間持続の動作や出来事が持続中）と「持続－終結後」（一定期間持続の動作や出来事の終結後）に分けることにしたいと思います。

---

6)　「方式・手段」も"V着"が持続している状態でその後ろの動作を行うということなので，その意味では「持続」の一種であると言うことができます。とはいえ，話を分かりやすくするために，この論文では「持続」と「方式・手段」を別々に考えたいと思います。

こうして，"V着"の意味は「持続−持続中」「持続−終結後」「方式・手段」の2類3タイプに分けられることになりました。

3.3 「持続−持続中」の"V着"："V着"が「Vている（ていた）」に翻訳されるとき

上の部分では"V着"の意味の分類を試みました。これを踏まえて，まずは，"V着"はどのような場合に「Vている（ていた）」に翻訳されるのかを明確にしておきたいと思います。

結論から言えば，それは「持続−持続中」を表す場合であると考えられます。日本語の「Vている（ていた）」も持続を表しますから，持続を表す"V着"が終結まで表していなければ「Vている（ていた）」と同じような意味を表し得るからです。

したがって，ここで問題にしなければならないのは，持続を表す"V着"が終結まで表しているか否かという点です。ただし，"V着"が表す動作や出来事が終結しているか否かは，残念ながら「完全にコンテクストに依存する」（讃井 2000:59）としか言えません。たとえば，刘一之（2001）が挙げている次の例を見てみましょう。

（11）说着，他转身走了。（刘一之 2001:153）

この例では"说着"（言う）と"转身走了"（振り返って去る）という「彼」の2つの動作が描かれていますが，刘一之（2001:153）の説明によると，この2つの動作がこの順番で行われた（言い終わってから去った）のか，それとも同時に行われた（言っている最中に去った）のかは分からないということです。つまり，「去る」の時点で「言う」が終結している可能性もあれば，終結していない可能性もあるということです[7]。

このように，"V着"を含む文や節を参照するだけでは動作や出来事が終結しているか否かを判断しかねる場合も多々あるのですが，反対に言えば，前後の文脈も参照することで判断できる可能性が高くなるということでもあります。

---

7) 例（11）の日本語訳についてですが，"说着"が終結していないと判断するならば「言っていた」に，終結していると判断するならば「言った」に翻訳されるとまずは考えられます。しかし，この例では"说着"が連用節に出現していることもあり，「（そう）言って，去った」，あるいは「（そう）言いながら，去った」のように「て形」や「ながら」に翻訳するほうがより自然であると言えます。"V着"が「て形」「ながら」そして「連用形」に翻訳される場合については3.4節と3.5節で詳しく検討したいと思います。

110

　そこで，以下の部分では，"V 着" が動作や出来事の終結までは表していないと判断される（したがって「V ている（ていた）」に翻訳するのがふさわしい）文脈の例を 2 つ挙げておきたいと思います。

　　（12）王大夫捏着自己的手机。他听到了挂机的声音。（推拿）

　　　　　王先生は携帯を<u>握っていた</u> {/？握った}。電話が切れる音を聞いて，

　この例では，"捏着"（握る）は終結していないと考えられます。なぜなら，ここでは "捏着"（（電話を）握る）と "听到了"（（電話が切れる音を）聞く）という王先生の 2 つの動作が描かれていますが，一般的に「電話を握る」が終わった後（電話をどこかに置いた後）に電話が切れる音を聞くことはできないことから，「聞く」の時点で「握る」は終結していないと考えるのが自然だからです。

　　（13）声音含含糊糊的。他显然是侧着身子的,半个嘴巴都让枕头堵死了。（推拿）

　　　　　声ははっきりしない。体を<u>横にしていて</u> {/？横にしたから}，口の半分が枕にふさがれているのだろう。

　この例もやはり，"侧着"（体を横にする）は終結していないと考えられます。一般に，"侧着"（体を横にする）が終結している（もはや体を横にしていない）ならば「口の半分が枕にふさがれている」という状態が同時に発生することはあり得ないからです。

　以上，持続を表す "V 着" が終結まで表していなければ「V ている（ていた）」に翻訳されやすいということを述べました。

3.4　「持続－終結後」の "V 着"

　そこで，次に "V 着" が動作や出来事の（実現と持続のみならず）終結まで表す場合，すなわち「持続－終結後」の "V 着" の日本語訳について観察していきたいと思います。

　「持続－終結後」の "V 着" は，まずは日本語の「V る（た）」に翻訳されると考えられます。以下の部分では，そのような例を 2 つ挙げたいと思います。

　　（14）推拿的力量讲究的是入木三分,那力道是沉郁的,下坠的,雄浑的,当然,还有透彻,一直可以灌注到肌肉的深处。疼也疼,却伴随着酸。（推拿）

　　　　　マッサージ師の力は，深く伝わることが肝要だ。その力は重々しく，沈むようで，勇ましい。当然，よく浸透し，筋肉の奥まで届く。痛いことは痛いが，痺れるような，膨らむような感じを<u>伴う</u> {/＊伴っ

ている｝。

　この例では，一般的にマッサージとはどのようなものであるかが語られています。そのため，"伴随着"（伴う）は，マッサージが行われると「（痺れるような，膨らむような感じが）伴う」状態が始まり，（マッサージの終了とともに）やがてその状態が終結していくということを述べているのだと考えられます。現在マッサージが行われており，「伴う」状態が終結していない（持続中である）ということを言っているのではありません。それゆえに「伴う」と翻訳されているのであり，ここでは「伴っている」と翻訳することはできません。

　　（15）宋钢在街上的水果铺子买了五个苹果，他先是回到家里，把里面最大
　　　　　最红的那个苹果挑出来，给李光头留着，另外四个苹果他放进了旧书
　　　　　包。（兄弟）
　　　　　宋鋼は大通りの果物屋で五つのリンゴを買うと，まず家に帰って，
　　　　　一番大きくて一番真っ赤なリンゴを選び出し，李光頭に残した ｛/ *
　　　　　残していた｝。残りの四つのリンゴは，ボロボロのバッグの中に入れ
　　　　　た。

　この例では，"留着"（（リンゴを李光頭に）残す）と"放进了"（（残りのリンゴを）入れる）という宋鋼の動作はこの順番で行われ，且つ両方とも終結していると考えられます。つまり，"留着"は終結まで表しており，それゆえに「残した」と翻訳されているのです。

　ただし，この例については"留着"が連用節に出現しているということにも注意が必要です。そこで，日本語に翻訳する際にも"留着"の部分を連用節に配置するように試みると，「残した」の他に「残して」や「残し」に翻訳される可能性も出てきます。

　　（16）一番大きくて一番真っ赤なリンゴを選び出し，李光頭に ｛残したが
　　　　　/ 残して / 残し｝，残りの四つのリンゴは，ボロボロのバッグの中
　　　　　に入れた。

　つまり，「持続－終結後」の"V着"は「て形」や「連用形」に翻訳される場合もあるということです。

　「て形」は「並列」「継起」「様態」「原因理由」など様々な意味を表しますが，このうち継起はある動作や出来事の終結後に次の動作や出来事に移るということですし，並列は複数の動作や出来事が実現し終結した（する）ということなので，「持続－終結後」の"V着"が「て形」（並列や継起の「て形」）に相当す

るのは自然なことであると言えます。また，「連用形」は基本的に「並列」を表す接続形式ですので，「て形」と同じく「持続－終結後」の"V着"に相当しやすいと考えることができます。[8]

　まずは"V着"が「て形」に翻訳されている例を3つ挙げます。

　（17）（李光头）拿着福利厂全家福的照片到处给人看，（兄弟）

　　　　（李光頭は）至る所で福利工場全員の集合写真を取り出して見せては，

　（18）王大夫收了线，转过身去对着小孔的那一边，说：（推拿）

　　　　王先生は電話を切ったあと，振り返って小孔に言った。

　（19）他的泪水沿着颧骨，下巴，一颗一颗地落在了小孔的脸上。（推拿）

　　　　涙は頬骨，あごを伝って，ポタポタと小孔の顔に落ちた。

　たとえば例（17）は，李光頭の"拿着"（（写真を）取り出す）という動作が終結し，その後に"给人看"（見せる）という動作に移っていることを表しています。つまり，この"拿着"は終結まで表していると考えるのが自然です。

　なお，例（17-19）はすべて"V着"が継起の「て形」に翻訳されている例です。理論的には並列の「て形」に翻訳の例も存在するはずですが，今回収集された例の中からは見いだされませんでした。

　次に，"V着"が「連用形」に翻訳されている例も挙げておきましょう。

　（20）她高举着枕头，拼了命地砸，一口气就砸了好几十下。（推拿）

　　　　彼女は枕を高く持ち上げ，力いっぱい投げつけた。

　以上，"V着"が動作や出来事の終結まで表す場合には基本的に「Vる（た）」に翻訳される，そして「て形」や「連用形」に翻訳される場合もあるということを述べました。

3.5　「方法・手段」の"V着"

　方法・手段の"V着"は多くの場合「て形」に翻訳されます。ただし，並列や継起の「て形」ではなく，様態の「て形」です。

　様態の「て形」はその名前の通り後ろの動詞句の「様態」（後ろの動詞句がどのような様態を伴って行われるか）を表す形式なので，「方式・手段」の"V着"に相当するのは当然のことであると言えます。

　（21）手を振って，「さよなら」と言った。

---

8)「て形」が「並列」のみならず様々な意味を表すのに対して「連用形」は基本的に「並列」の意味を表すという点については，益岡（2014）を参照してください。

この例の「振って」も，後ろの動詞句「言った」に依存しつつ「言った」という動作の方式を表していると考えることができます。
　また，「て形」の他に「ながら」も後ろの動詞句の様態を表す代表的な形式の一つですので，「方式・手段」の"V着"は「ながら」にも翻訳されやすいと言えます。
　まずは"V着"が「て形」に翻訳されている例を３つ挙げておきましょう。
　　（22）他指着桌子问李光头："这是你的办公桌？"（兄弟）
　　　　　彼は机を指さして尋ねた。「これは君の机かい？」
　　（23）（宋钢）然后才系上外面的长裤，跟着李光头走到了一张空桌前坐下来。
　　　　　（兄弟）
　　　　　（宋鋼は）ズボンの紐をしっかりと締めた。それから李光頭の後について，空いている席に座った。
　　（24）金官有点鄙夷地扫了春麦一眼，弓着腰朝前走了几步，突然又站住说，
　　　　　（十九）
　　　　　金官は春麦を馬鹿にしたように一瞥すると腰を曲げて歩き出したが，急に立ち止まって言った。
　たとえば例（22）の"指着"（指さす）は後ろの動詞句"问"（尋ねる）の方式を表していると考えられます。つまり，「指をさした状態で尋ねる」ということです。そのため，「指さして」のように「て形」に翻訳されています。
　次に，「ながら」の例を２つ挙げます。
　　（25）小马扶着墙，过去了。（推拿）
　　　　　小馬は壁を伝いながら，隣の部屋へ行った。
　　（26）刘作家接二连三地拍着桌子说：（兄弟）
　　　　　劉作家は何度も机を叩きながら言った。
　なお，下地・任（2012:55）は"V着"について「機能的にはむしろ日本語における動詞のテ形接続形式に近いという可能性が考えられるだろう」と述べています。実際，表２で示した通り，"V着"は「て形」に翻訳される例が最も多く22.2％を占めています。
　"V着"が「Vている（ていた）」よりも「て形」に翻訳されることが多いのは，"V着"の最も重要な意味役割は「持続」ではなく「方式・手段」を表すことだからであると考えられます。その根拠の一つは，今回の調査で収集された"V着"450例の文中での出現位置を調べると，主節に比べて連用節に出現する例が圧

114

倒的多数を占めていたことです。具体的には，主節 78 例，連用節 344 例，連体節 9 例，補足節 19 例でした。もちろん，連用節の "V 着" のすべてが方式・手段を表すわけではありませんが，このような出現位置の偏りから "V 着" は連用節に出現して後ろの動詞句の方式・手段を表すことが多いと考えることは可能です。

　さらに，「持続－終結後」の "V 着" が並列や継起の「て形」に翻訳されることも，"V 着" が「て形」に翻訳されやすい理由の一つになっていると言えるでしょう。

3.6　「V ている（ていた）」「V る（た）」「て形」「連用形」「ながら」以外への翻訳

　最後に，ここまでで取り上げた「V ている（ていた）」「V る（た）」「て形」「連用形」「ながら」以外で，"V 着" の日本語訳のされ方として比較的目を引く形式をいくつか挙げておきたいと思います。

　まず，「～と」です。"V 着" が継起を表す「と」や条件を表す「と」に翻訳されている例が合わせて 11 例見つかりました。

　　（27）春麦一边骂着一边扑到门前去拉门栓，（十九）

　　　　　春麦は罵ると，まっしぐらに門へ向かい閂を引いた。

　　（28）（书来）看着其他孩子把糖人儿含在嘴里往村里跑，心里倍受煎熬。（十九）

　　　　　（書来は）他の子供たちが飴細工を頬張って村へ駆けていくのを見るとつらくて仕方がなかった。

　「て形」以外に「～と」も継起の意味を表しますから，「持続－終結後」の "V 着" は継起の「～と」に翻訳される可能性もあるのです。なお，条件の「～と」にしても，条件とはつまり「前件」の実現が「後件」が実現する条件であるということなので，動作や出来事が発生する順番から見れば「継起」と何ら変わるところはありません。

　また，「方式・手段」の "V 着" なら，様態の「て形」以外に「～たまま」（6 例）に翻訳することも可能です。

　　（29）小孔只能拉着小马的手，有那么一点失神。（推拿）

　　　　　小孔は小馬の手をつかんだまま，少し呆然としていた。

　同じく「方式・手段」の "V 着" は，格助詞の「に」や「で」を用いて「N に」「N

9）　方梅（2000）も "V 着" は従属度が高い形式であるということを指摘しています。

で」と翻訳されることがあるようです。今回の調査で，このパターンの翻訳は
比較的多く見いだされました。

「N に」（7 例）に翻訳されている例は以下の通りです。

（30）当着围观群众的面，他要努力保持自己的作家形象，（兄弟）

野次馬見物の群衆を<u>前に</u>，彼は自分の作家のイメージを守ろうと必
死だった。

（31）现在宋钢又提着它回来了，（兄弟）

今宋鋼は再びこのバッグを<u>手に</u>帰ってきた。

また，「N で」（19 例）の例は以下の通りです。

（32）春麦睡不着觉，后来他把睡熟了的六娥弄醒，对着她的耳朵说，（十九）

春麦は寝付けず，しばらくして，ぐっすり眠っていた六娥を起こし
彼女の<u>耳元で</u>囁いた。

（33）陶青沉着脸说：" 我没有这个权力。"（兄弟）

陶青は暗い<u>顔で</u>答えた。「私にはその権利はないよ」

これらの例は，翻訳の際に動詞の代わりに「N に」「N で」の形が意図的に
選択されたものと考えられます。

（34）a 野次馬見物の群衆を<u>前にして</u>，彼は自分の作家のイメージを守ろ
うと必死だった。

b 今宋鋼は再びこのバッグを<u>手に提げて</u>帰ってきた。

（35）a 春麦は寝付けず，しばらくして，ぐっすり眠っていた六娥を起こ
し彼女の<u>耳元に向かって</u>囁いた。

b 陶青は暗い<u>顔を浮かべて</u>答えた。「私にはその権利はないよ」

上の例（34a-b，35a-b）が示しているように，動詞を残して翻訳するならば
すべて「て形」が最も自然になるということも頭に入れておくとよいでしょう。

なお，今回の調査では，「N に」や「N で」に翻訳された " V 着 " のうち " 当着 "
と " 对着 " がそれぞれ 10 例と 5 例で比較的目立っていたということを付言し
ておきます。

3.7　小結

第 3 節では " V 着 " がどのように日本語訳されるのかについて考察しました。
本節で述べてきたことを表にまとめると次のようになります。

表3　"V 着"の意味ごとの日本語訳の方法

		主要な翻訳方法	その他の翻訳方法
持続	持続中	V ている（ていた）	―
	終結後	V る（た）	～と
		て形，連用形	
方式・手段		て形，ながら	～たまま，N に・N で

　要点は，①「持続－持続中」の "V 着" は主に「V ている（ていた）」に翻訳される，②「持続－終結後」の "V 着" は基本的に「V る（た）」に翻訳されるが，"V 着" 部分の日本語訳を連用節に配置した場合には「て形」や「連用形」に翻訳される，③「方式・手段」の "V 着" は主に「て形」や「ながら」に翻訳されるということです。

　また，"V 着" の最も重要な意味役割は「方式・手段」で，それゆえに「V ている（ていた）」よりも「て形」に翻訳されることが多いということも覚えておくとよいでしょう。

四　"在 V"の日本語訳

4.1　"在 V"の日本語訳の統計
　"在 V" の 117 例は下の表4のように翻訳されていました。

表4　"在 V"の日本語訳

	計（117 例）	推拿	兄弟	十九
V ている（ていた）	60（51.3%）	23	24	13
V る（た）	26（22.2%）	15	10	1
て形・連用形	7（6.0%）	1	4	2
（その他）	24（20.5%）	11	12	1

　表4から，"在 V" が「V ている（ていた）」に翻訳される例は 51.3％に上るということが分かります。"在 V" は "V 着" よりもはるかに「V ている（ていた）」に対応しやすいと言えるでしょう。ただし，"在 V" が「V る（た）」に翻訳されている例も 22.2％を占めています。

　また，"V 着" は「て形」への翻訳が 22.2％を占めていましたが，"在 V" が「て形」に翻訳されている例は「連用形」と合わせても 6.0％にすぎません。

4.2 "在V" と進行

"在V" が「V ている（ていた）」のみならず「V る（た）」にも翻訳されるのはなぜでしょうか。この問題について考察するためには，まず "在V" の文法的意味を押さえておく必要があります。

朱継征（2000）や讃井（2000）が考えるように，"在V" の意味の本質は動作の進行を表すことではなく，「動詞の外部状況」（動作の種類をはじめ，動作の主体，受け手，方式・手段，結果・趨向など）を前景化することであると考えられます。ごく簡単に言うと，"在V" は動作の種類や主体などに強い関心がある場合に使用されるのであり，必ずしも動作の進行を表すために使用されるわけではないということです。動作の進行を表すことは "在V" の意味の本質ではないため，進行を表すとは言い難い（したがって「V ている（ていた）」に翻訳するのは難しい）"在V" の例も一定数存在します。

とはいえ，動詞の外部状況（動作の種類や主体など）は「いずれもその時点において実在のものであり，"在" によって示されると，そのセンテンスは進行相的意味を持つようになる」（朱継征 2000:54）ことから，ほとんどの場合，動詞の外部状況の前景化に付随して「進行中」の意味が生じるというのも事実です。そのため，"在V" は「事実上「進行中の動作」の表現になることが多い」（讃井 2000:56）のです。

ということは，動詞の外部状況が "在" によって前景化された結果としてたしかに進行中の意味が生じている場合には「V ている（ていた）」に翻訳されるのですが，進行中の意味までは表していない場合には「V る（た）」に翻訳されるとまずは考えることができます。

4.3 進行を表さない "在V"

では，具体的にどのような場合に進行中の意味が生じ，どのような場合に生じないのでしょうか。ここでは，まず進行中の意味が生じ得ない例（したがって，「V ている（ていた）」に翻訳することができず，一般に「V る（た）」に翻訳される例）を見ていきたいと思います。すぐ上で述べたように，"在V" はほとんどの場合に進行中の意味を伴うので，どのような場合に進行中の意味が生じないのかを知ることができれば，それ以外は基本的に「V ている（ていた）」に翻訳可能であると考えることができるからです。

以下の部分では，"在V" が「V ている（ていた）」に翻訳されない例を4つ（3

種類）挙げたいと思います。いずれも，発話時に当該の動作が進行中と解釈することはできず，且つ基準時を過去・未来のある時点に移動してその時点で進行中と解釈するのも難しい例です。

（36）小关剪刀就自作主张地说：" 蛔虫。肯定是蛔虫在咬你的肠子。"（兄弟）
　　　　小関剪刀は独断で言い切った。「どうせ回虫に腸を<u>かまれたんだろう</u>」

この例は，話し手である小関剪刀が聞き手（李光頭という人物）の様子を見て，" 蛔虫在咬你的肠子 "（回虫があなたの腸をかんだ）と断定している場面です。ここで，回虫の" 在咬 "（かむ）という動作は発話時（話し手が聞き手の様子を見た直後）には終了していると理解するのが最も自然であり，進行中と理解するのは無理があります。また，話し手は聞き手の様子を見て発言していることから，基準時を「かむ」という動作が進行中であった時点にわざわざ移動することも難しいと言えます。

（37）a ＊どうせ回虫がお前の腸を<u>かんでいる</u>だろう。
　　　　b ＊その腹痛が始まったとき，どうせ回虫がお前の腸を<u>かんでいた</u>んだろう。

　　　　　　　　　　　　（例 37a-b とも，例 36 の日本語訳としては不可）

そのようなわけで，例（36）の" 在咬 "は「かんだ」（受身形で「かまれた」）と翻訳されているのです。

（38）湖岸依然躲在黑暗中不肯显现，船上的一家三口都在寻找，但谁也看不见湖岸。（十九）
　　　　湖岸は未だに暗闇の中に隠れていた。舟上の一家三人はみんなで<u>探してみた</u> ｛/？探してみていた｝が，誰にも湖岸は見えなかった。

この例では，一家三人の" 在寻找 "（探す）という動作と" 看不见湖岸 "（湖岸が見えない）という出来事がこの順番で描かれています。ここで，「見えない」は明らかに「探す」の終了後の結果ですので，発話時に「探す」が進行中と解釈することはできませんし，また「見えない」という結果が出た時点で「探す」が進行中であったという解釈も無理があります。そのため，この" 在寻找 "は「探していた」（探してみていた）と翻訳することはできず，「探した」（探してみた）と翻訳されています。

（39）那个姑娘还在问：" 还可以什么？"（兄弟）
　　　　その娘が<u>尋ねた</u>。「まだ，何なの？」

（40）" 哪个？" 房里有人在问，这是张嫂的声音。

119

「誰？」部屋の中から誰かがたずねる。あれは張嫂の声だ。

（例 40 は讃井 2000:55 が巴金《家》から引用したもの。日本語訳も讃井による）

例（39）では，娘の"在问"（尋ねる）という動作が描かれていますが，その「尋ねる」の内容は「まだ，何なの？」という非常に短い，瞬間的に言い終わるものです。そのため，過去のある時点で「尋ねる」が進行中であったと解釈するのはさすがに無理があります。また，言うまでもなく「尋ねる」は発話時に進行中の動作でもありません。そのようなわけで，ここでの"在问"は「尋ねた」と翻訳されているのです[10]。

例（40）についても，讃井（2000:56）が「誰？」のように「すぐに言い終わる短い発話を「動作進行中」と説明するのは無理があろう」と述べている通りです。

もちろん，"在问"や"在说"などが常に「V ている（ていた）」に翻訳できないということではありません。たとえば，"在说坏话"ならば「文句を言っている（ていた）」と翻訳される可能性が高いでしょう。

また，日本語の「V る（た）」と「V ている（ていた）」の使い分けに関わるのは話し手が当該の動作や出来事をどのように捉えているかであって[11]，動作が継続する時間の長さは「V ている（ていた）」の使用と直接的には関係ありません。長時間続く動作について「V る（た）」で述べることもあれば（例41a），短時間で終了する動作について「V ている（ていた）」で述べることもある（例 41b）のです。

（41）a 経済学を 10 年も学びました。

　　　　b ちょっとだけ外を歩いています。用事があれば携帯電話に連絡してください。

とはいえ，「「まだ，何なの？」と尋ねる」のように瞬間的に終了する動作を進行中と解釈するのはさすがに無理があるでしょう。

以上，例（36，38-40）が示しているように，発話時に当該の動作が進行中と解釈することはできず，且つ基準時を過去・未来のある時点に移動してその

---

10) 例（39）の場合は"还在问"の"还"（まだ）の存在も日本語訳に影響しているかもしれません。"还"（まだ）を訳出するならば「まだ尋ねていた」よりも「まだ尋ねる」のほうがより自然に感じられるからです。

11) 話し手が当該の動作や出来事を限界的に（開始時点と終了時点が明確な「点」として）捉えるならば「V る（た）」が選択され，継続的に（開始・終了時点が不明確な「線」として）捉えるならば「V ている（ていた）」が選択されることになります。詳しくは，工藤（1995:62-64）や寺村（1984:144-146）を参照してください。

時点で進行中と解釈するのも難しいという場合には，"在V" を「Vている（ていた）」に翻訳することはできません。このような場合の "在V" は動詞の外部状況を前景化するにとどまり，それに伴って進行中の意味が生じるということがないのです。

　とはいえ，"V" が「Vている（ていた）」に翻訳できない例はそれほど多くないと考えてよいと思われます。実際，「Vる（た）」に翻訳されている26例のうち少なくとも12例は「Vている（ていた）」に翻訳しても何ら問題がないと判断できる例でした。たとえば，次の2例を挙げたいと思います。

　　（42）頸椎在沙复明的身体里面，胃也在沙复明的身体里面。沙复明在奴役它们。每一天，沙复明都雄心勃勃地奴役它们。（推拿）

　　　　　頸椎も胃も沙復明の体の中にある。沙復明はそれらを奴隷のように<u>酷使した {/ 酷使していた}</u>。毎日，大きな理想に燃えながら，それらを酷使した。

　　（43）还有一点，健全人的眼睛在阅读久了之后会出现疲劳，（推拿）

　　　　　また，健常者の目は長時間本を<u>読む {/ 読んでいる}</u>と疲れてしまう。

　これらの例では "在V"（在奴役，在阅读）が「Vる（た）」（酷使した，読む）に翻訳されています。しかし，上で挙げた例（36，38-40）とは異なり，ここでの "在V" は進行中の意味を表すことも可能です。より具体的には，例（42）は，沙復明が理想に燃えていたその時点で "在奴役"（（頸椎や胃を）酷使する）が進行中であったと解釈することができます。また，（43）は，「疲れる」の時点で "在阅读"（本を読む）という動作が（長時間）進行中であると解釈することができます。「本を読む」を（長時間）進行すると「疲れる」可能性があるというわけです。そのようなわけで，例（42-43）の "在V" は「Vている（ていた）」（酷使していた，読んでいる）に翻訳することも十分に可能なのです。

4.4 　"在V" が「Vている（ていた）」に翻訳されるとき

　上の部分では，"在V" が進行中を表さない例をいくつか取り上げました。しかし，すでに述べた通り，"在V" の例の大部分は進行中の意味も表すと考えてよいでしょう。以下，動詞の外部状況が "在" によって前景化されるに伴って

---

12) たとえば，例（36）の "在咬"（かむ）は動詞の外部状況の中でも動作の主体（"蛔虫"（回虫））を前景化していると考えられます。つまり，「あなたのその苦しそうな状態は，他ならぬ "蛔虫" があなたの腸をかんだことが原因だ」というようなことを表現しているのでしょう。

進行中の意味が生じている例を6つ挙げたいと思います。言うまでもなく，これらの"在V"はすべて「Vている（ていた）」に翻訳されています。

（44）几个认识他的人走过去时，叫着他的名字问他在干什么，（兄弟）〔動作の種類〕

何人か顔見知りが通り過ぎるときに彼の名を呼び，何を<u>している</u>のかと尋ねたが，

（45）一开始小马并不相信，生气了。认定了别人是在挖苦他。（推拿）〔動作の種類〕

最初，小馬はそれを信じなかった。自分を<u>冷やかしている</u>のだと思って，腹を立てた。

（46）小孔自己都知道了，是她自己在吐丝。（推拿）〔主体〕

小孔は，<u>糸を吐いている</u>のが自分自身だと知っていた。

（47）这天晚上宋钢把刘作家的涂改和评语认真读了几遍，宋钢越读越迷茫，不知道刘作家在说些什么；（兄弟）〔対象〕

その夜，宋鋼は劉作家の書き直しと評語を何度も何度も真剣に読んだ。読めば読むほど劉作家が何を<u>言っている</u>のか，わけがわからなくなった。

（48）林红站在来自天上的光芒里，楚楚动人的背影在丝丝闪亮，（兄弟）〔方式・手段〕

空からの光の中に<u>立つ</u>林紅の，楚々とした後ろ姿がきらきらと<u>輝いている</u>。

（49）林红的眼睛望着灰蒙蒙的街道，一些雨伞在来来去去，（兄弟）〔結果・趨向〕

林紅の目はぼんやりと霞む大通りを眺めた。傘たちが<u>行き来している</u>。

　たとえば，例（44）は動作の種類を前景化しており（行われている動作は何か），また（46）は動作の主体を前景化している（糸を吐いているのは他ならぬ自分自身だ）と考えられます（動詞の外部状況のうちどの部分が前景化されていると考えられるのかは，各例文の後ろに〔　〕で示しています）。

　そして，これらの例（44-49）はすべて，動詞の外部状況の前景化（動作の種類，主体など）に伴い進行中の意味も表していると思われます。しかし，なぜ進行中の意味を表すのかを説明するのは容易なことではありません。今のところ，"在V"は例（36，38-40）のような場合のみ進行中を表すことができま

せんが，それ以外の場合には（理由は明確ではないものの）進行中の動作も表すのが普通であると考えておきたいと思います。

また，「V ている（ていた）」や「V る（た）」以外では，"在 V" が「～中」と翻訳されている例が 5 例見つかりました。

 （50）可小孔毕竟<u>在上班</u>，两只手都在客人的身上，手机是压在耳朵边上的。（推拿）

    しかし<u>仕事中</u>なので，小孔は両手を客の体に置き，携帯を肩と耳の間に挟んでいた。

 （51）时间长着呢。什么人家我家的，我跟他一个人似的——<u>他在开会</u>。（推拿）

    時間は十分ある。他人行儀なことは必要ない。おれとあいつは二人で一人みたいなものだから——あいつはいま<u>会議中</u>だ。

言うまでもなく，「～中」も動作の進行を表します。

 （52）a しかし（その時）<u>仕事をしていた</u>ので，小孔は両手を客の体に置き，携帯を肩と耳の間に挟んでいた。

   b あいつはいま<u>会議をしている</u>[13]

「～中」に翻訳され得ることからも，"在 V" はほとんどの場合に（動詞の外部状況を前景化するに伴って）進行中の意味を表すと考えてよいでしょう。

また，最後に "V 着" と "在 V" の違いに簡単に触れておくと，次のように言うことができるでしょう。

 ① "V 着"：「方式・手段」を表すことが最も重要な意味役割である。「持続」を表すことが第一の役割ではないことなどから，「V ている（ていた）」に翻訳されることは少ない。

 ② "在 V"：ほとんどの例が進行中の意味を伴う。したがって，「V ている（ていた）」に翻訳されることが多い。

4.5 小結

第 4 節では "在 V" がどのように日本語訳されるのかについて考察しました。本節で述べてきたことをまとめると次のようになります。

 ① "在 V" の例は大部分が進行中の意味を表す。したがって，多くの場合は「V ている（ていた）」に翻訳される。また，「～中」に翻訳されることもある。

---

13) もちろん，文体のことなども考慮に入れると，例（50-51）はともに「V ている（ていた）」よりも「～中」に翻訳したほうがよいでしょう。

②ただし，一部の "在 V" の例は発話時に当該の動作が進行中と解釈することはできず，且つ基準時を過去・未来のある時点に移動してその時点で進行中と解釈するのも難しい。そのため，「V ている（ていた）」に翻訳することはできず，「V る（た）」など他の形式に翻訳される。

五　まとめ

　この論文では，"V 着" と "在 V" の日本語訳について考察しました。

　まず，"V 着" は当該の動作や出来事の「持続」を表し，且つ終結までは表さない場合（持続−持続中）に「V ている（ていた）」に翻訳されます。終結まで表す場合（持続−終結後）には主に「V る（た）」や「て形」「連用形」に，また「方式・手段」を表す場合には主に「て形」や「ながら」に翻訳されるのです。

　一方，"在 V" はほとんどの場合に進行中の意味を伴うので，「V ている（ていた）」に翻訳されることが多いです。ただし，どうしても進行中を表すと解釈できない "在 V" の例もあり，その場合は「V る（た）」などに翻訳されることになります。

　"V 着" が「V ている（ていた）」に翻訳されることは少ない（450 例中 69 例，15.3％）のに対して，"在 V" は多くの場合に「V ている（ていた）」に翻訳される（117 例中 60 例，51.3％）ということは覚えておいてよいでしょう。

　なお，この論文では日本語の「V ている（ていた）」の中国語訳，特に中国語の "V 着" や "在 V" への翻訳の可否については考察することができませんでした。しかし，"V" や "V 了" などが「V ている（ていた）」に翻訳されることもありますし，反対に「V ている（ていた）」が "V" や "V 了" などに翻訳されることもあります。また，日本語の「V る（た）」が "V 着" や "在 V" に翻訳されることもあることでしょう。

　"V 着" "在 V" の日本語訳と「V ている（ていた）」の中国語訳の両方が考察されてはじめて，日本語と中国語の持続・進行を表す形式の対応関係が今以上に明確になるものと思われます。この論文では前者に取り組みましたので，後者については今後の課題として残しておくことにします。

付記

　本研究は静宜大学の 2020 年度（2020 年 10 月〜 2021 年 7 月）学術研究
計画「コーパスを利用した日本語学研究と日中対照研究」（課題番号：PU109-
11100-A06，研究代表者：古賀悠太郎）の成果の一部です。

参考文献

太田辰夫（1950）「続 " 呢 " と " 哪 " について」『中国語雑誌』5 巻 2・3 号．（再録：太田辰
　　夫（1995）『中国語文論集 語学・元雑劇篇』，pp.57-89．汲古書院．）

工藤真由美（1995）『アスペクト・テンス体系とテクスト―現代日本語の時間の表現―』ひ
　　つじ書房．

讃井唯允（2000）「" 在等 "" 等着 "" 在等着 "―" 在 " と " 着 " の文法的意味と語用論―」『人文
　　学報』311，pp.53-73．東京都立大学人文学部．

下地早智子（2010）「現代中国語における「シテイル / シテイタ」相当表現―日中のアスペ
　　クト対立に見られる視点と主観性―」『神戸外大論叢』61（2），pp.87-108．神戸市外
　　国語大学研究会．

下地早智子・任鷹（2012）「"V 着 " と「V テイル」「V ナガラ」「V テ」―非限界動作動詞の場合―」
　　『CLAVEL』2，pp.49-58．対照研究セミナー（神戸市外国語大学本多啓研究室）．

朱継征（2000）『中国語の動相』白帝社．

寺村秀夫（1984）『日本語のシンタクスと意味Ⅱ』くろしお出版．

益岡隆志（2014）「日本語の中立形接続とテ形接続の競合と共存」益岡隆志・大島資生・橋本修・
　　堀江薫・前田直子・丸山岳彦（編）『日本語複文構文の研究』，pp.521-542．ひつじ書房．

陈月明（1999）〈时间副词 " 在 " 与 " 着 1"〉《汉语学习》1999 年第 4 期，pp.10-14．

方梅（2000）〈从 "V 着 " 看汉语不完全体的功能特征〉《语法研究和探索（九）》，pp.38-55．
　　商务印书馆．

刘一之（2001）《北京话中的 " 着（・zhe）" 字新探》北京大学出版社．

左思民（2003）〈论 "（正）在 " 和 " 着 "〉《现代中国语研究》5，pp.69-77．朋友书店．

中文日訳の基礎的研究

多 角 的 研 究

「吧」の日本語訳について
―多角的な視点から―

張　麟声

一　はじめに

　本論集は，本来，中国語の単語や文法形式を日本語に翻訳するときの規則を検討，確立するために，企画したものである。だが，論集に載るすべての論文が，厳密にそのような研究に限定されてしまうと，読者層が限られてしまうのではないかという指摘があった。また，たとえそのような読者層のことを気にしなくても，狭い分野の研究成果を目指す論文ばかりでは，せっかく読んでくれている研究者の卵に，視野の広い知的刺激を与えることが難しいということは，確かにある。そこで，とりあえずこの第2号において，編者のわたし自身が，多角的な視点から一本書いてみることにした。第3号からは，論文に加えて，「初級中文日訳指導」，「中級中文日訳指導」という構成で行くことにする。また，第3号から，そのような「指導篇」講釈の文体は「です・ます」体を用い，論文の文体は「だ・る」体を用いると決まり，本論文からその移行を示す形を取った。

　ここで言う多角的な視点とは，中国語から日本語へというような単方向的な対訳の基礎的研究に，次の2点が加えられることを意味する。

　　（1）対象形式に関する中日両言語のもっとも重要な相違への言及という視点
　　（2）言語類型論的な視点

　言うまでもないことだが，この2視点を徹底させれば，それぞれの視点から，論文の1本2本が書けてしまう。したがって，あくまで，補助的に補う程度である。その補助的に補った内容によって，研究者の卵たちに，そのネタを広げていく手掛かりを提供していければと思う。

　本稿では中国語の「吧」の日本語訳を取り上げる。数カ月前に，習得研究と名乗る論文を頼まれて査読したのだが，「吧」と「だろう」の基本的な対応関係，言い換えれば，構文的異同や文体的異同についての知識がほとんど認められなかった。そのことに驚いて，先行研究を調べてみたところ，確かに使えるもの

が少ないことが分かった。ゆえに，このテーマにしたのである。

　以下，第2節では「「吧」の意味とその日本語訳」を検討し，第3節において，多角的な視点から述べる。

二　「吧」の意味・用法とその日本語訳について

2.1　「吧」の日本語訳における先行研究及び本稿の立場

　「吧」の意味・用法に関する一番代表的な研究は，呂叔湘主編（1980）『現代汉语八百词』の改訂版の呂叔湘主編（1999）であり，その「吧」の日本語訳における先行研究は，同改訂版を日本語に翻訳した牛島徳次，菱沼透監訳（2003）だと思われる。以下，牛島徳次，菱沼透監訳（2003）における該当部分を引用する。

【助詞】❶命令文の末尾に用い，命令・要請・催促・提案などを表す。▶你好好想想〜（君，よーく考えてごらん）▶帮帮我的忙〜（ちょっと手伝ってくれよ）▶快点儿走〜（早く行こう）▶别说了〜（もう言うなよ）。
——疑問形式の後ろに直接用いられた場合は，その前に‘你说’を補って考えればよい。相手の返事を促す気持ちを表す。これは一種の命令文で，疑問文ではない。▶你到底同意不同意〜（あなたいったい賛成なの反対なの，どっちなのよ＝你到底同意不同意，你说〜）▶快告诉我他上哪儿去了〜（かれがどこへ行ったのか早く教えてくれよ）▶[你说]这样做行不行〜（ねえ，こういうふうにやったらどうだろう）
❷疑問文の末尾に用いる。▶这座房子是新盖的〜？（この家は新しく建てたものですね）▶你就是李师傅〜？（あなたが李さんですね）▶这道题不难〜？（この問題は難しくないでしょう）▶一班有三十人〜？（1クラス30人なんでしょう）▶你好好想想〜
——一般にこれらは単純な質問ではなく，推理の意味を持つ。▶这座房子是新盖的吗？（この家は新しく建てたものですか：単純な質問）▶这座房子是新盖的吧？（この家は新しく建てたものですね：たぶん新しく建てたのだろうと思っている）——したがって文中に‘大概・也许’のような推量を表す副詞があるときは，文末には‘吧’しか用いることができず，‘吗’を用いることはできない。▶他大概已经走了〜？（たぶん彼はもう出かけたんだろう）▶也许明天能见到

130

他～？（ひょっとしたら明日彼に会えるかもしれないね）▶现在说不定已经过了十二点了～？（もう 12 時過ぎたんじゃないかな）

❸ '好・行・可以' など承認を表す語の後ろに付けて同意を表す。一種の応答語。▶好～，就这么办（よし，そうしよう）▶可以～，咱们试试看（いいでしょう，やってみましょう）

▶可以～，就照原计划执行（よろしい，計画どおり進めよう）

❹文中でポーズを置く箇所に用いる。

⑦ a 例をあげる。▶就拿我们的小王来说～，他在各方面表现都挺不错（われわれの王君を例にとれば，どの点でも彼のやり方，態度は見上げたものだ）▶就说废旧物资回收这一项～，上个月就积累了上万元（廃品回収一つとっても先月は一万元も積み上げた）▶譬如你～，你的普通话就比他讲得好（例えば君だが，君の標準語は彼よりうまいよ）

b 讓歩を表す節に用いる。▶就算你正确～，也该谦虚点儿（君が正しいとしても謙虚でなくちゃいけないよ）▶即使是一个螺丝钉～，我们也不应该浪费（たとえねじくぎ 1 本でも，われわれは無駄にしてはならない）

c 取捨選択を仮定していうときに用い，「板挟みになる」「どう判断していいか分からない」の意味を込める。▶大伙儿选我当队长。当～，能力有限；不当～，又不好推脱（みんなはぼくを隊長に選んだが，引き受けるには力不足だし，ことわるのも断りにくいし）▶去～，路太远；不去～，人家又来请了几次了，实在不好意思（行くには道が遠すぎるし，やめにするとすればもう何回も呼びに来ているから申し訳がないしなあ）

❺動＋就＋動の文末に用い，「かまわない」「大丈夫」という意味を表わす。▶丢了就丢了～，我另外给你一个（なくしたらなくしたでいいさ，別のをあげるよ）▶不去就不去～，反正以后还有机会（行かないなら行かないでいいさ，これからだって機会はあるだろうよ）（pp.9-10）

　中国語自体の研究である呂叔湘主編（1999）の大きな不足と言えば，まず必須の「吧」とオプション的な「吧」を区分していないことである。そのような区分をしなかった理由はおそらくほとんどのケースがオプション的な「吧」だと思われる。

　確かに必須のケースと言えるのは，おそらく「❷疑問文の末尾に用いる」の場合だけであろう。このケースにおいて，例えば次の例（1）終助詞らしきも

のを一切付けない場合，例（2）イエス・ノー疑問を表わす「吗」を付けた場合と，例（3）「吧」を付けた場合とでは，意味が大きく違うからである。例（1）のように，終助詞らしきものを一切付けなくても，例（2）のように，イエス・ノー疑問を表わす「吗」を付けても，単純な質問しか表わさないが，例（3）のように，「吧」を付けると確認疑問文になるのである。

　　　（1）这座房子是新盖的？（この家は新しく建てたものですか）
　　　（2）这座房子是新盖的吗？（この家は新しく建てたものですか）
　　　（3）这座房子是新盖的吧？（この家は新しく建てたもの（でしょう／ですね）

　例（3）における確認の意味は，「吧」が本来持っている「推量」の意味から来ている。この辺りは，日本語における「だろう」と似ている。要は，聞き手が存在しないときに「だろう」または「吧」を使うと，推量の意味にしかならないが，聞き手がいて，その聞き手に発した場合は，本来持っている推量の意に疑問の機能を加え，確認疑問文を構成するのである。
　したがって，先行研究に対し，本稿ではまず「吧」は，本来推量の意味・用法を持ち，それから，確認の意味・用法に発展したものだとする。この2種類を「吧」の必須で且つ基礎的な意味・用法と見なし，以下のように，Ⅰ-1とⅠ-2のように表示する。
　　Ⅰ-1　推量：〈独り言〉她不来了吧。（彼女はもう来ないだろう）
　　Ⅰ-2　確認：〈聞き手に聞く〉她不来了吧？（彼女はもう来ないだろう？）

　そして，そのような「吧」の不確かさから派生してきた「和らげの機能」とでもいうような用法を，オプション的な「吧」の用法として，以下のように整理しておく。和らげのニュアンスを付与しているだけであるから，あってもなくてもよい。それゆえ，オプション的なものになっているのだと思われる。
　　Ⅱ-1　一人称の意志を和らげる用法：我去→我去吧（私が行く→私が行こう）
　　Ⅱ-2　二人称に対する誘いかけを和らげる用法：走，看电影去→咱们看电影去吧（さあ，映画を見に行こう→映画を見にいかない？）
　　Ⅱ-3　二人称に対する指令を和らげる用法：你自己拿→你自己拿吧（自分で取りなさい→自分で取ってください）／别哭了→别哭了吧（もう泣くな→もう泣かないで）
　　Ⅱ-4　二人称に対する承認を和らげる用法：好，就那么办→好，就那么办吧

（よし，そうしよう→いいでしょう，そうして<u>ください</u>）

Ⅱ-5　二人称及び三人称の消極的な在り方への承認を和らげる用法：不去就不去，不勉强你→不去就不去吧，不勉强你。（行かないなら行かないでいいさ，無理はさせない→行かないなら行かない<u>でよかろう</u>，無理はさせないよ）

Ⅱ-6　例示を和らげる用法：比如你，你的北京话就比他讲得好→比如你吧，你的北京话就比他讲得好（例えばお前を例にすると，お前の北京語は彼よりうまいぞ→例えば君を例にし<u>よう</u>，君の北京語は彼よりずっとうまいよ）

Ⅱ-7　正反型仮定を和らげる用法：大家选我当主任。当，能力有限；不当，又不好推脱→大家选我当主任。当吧,能力有限;不当吧,又不好推脱（みんなはぼくを主任に選んだが，引き受けるには力不足だし，ことわるのも断りにくいし→みんなはぼくを主任に選んだのですが，引き受ける<u>には</u>力不足ですし，ことわる<u>のも</u>断りにくいです）

Ⅱ-8　譲歩を和らげる用法：就算你正确，也该谦虚点儿→就算你正确吧，也该谦虚点儿啊（お前が正しいとしても謙虚でなくちゃいけないよ→お前が正しいとし<u>よう</u>。しかし，それでも，謙虚でなくちゃいけないよ。）

2.2　必須の「吧」の日本語訳について

2.1で「吧」の日本語訳について一通り示したが，本格的な検討はこの2.2において行う。ケースによって，「吧」の日本語訳は一通りではなく，何種類かのなかから，選ぶ必要があり，正確に選ばないと，間違った日本語になってしまうからである。以下，順を追って検討する。

Ⅰ-1　推量：〈独り言〉她不来了吧。（彼女はもう来ないだろう）

推量の「吧」は，「だろう」，「のだろう」，「のだろうか」，「からだろう」，「からだろう」，「のか」など数種類の日本語表現に訳し分けることになる。

まず幾つかの物事の中で一つを指定する場合や，物事の属性及び発生の可能性などについて推測するときは，以下の例（4）～（6）のように，「だろう」に訳す。

（4）〈複数の住所のなかの一つなのではないかと判断して〉这个吧（こっちだろう）

（5）〈木の上の桃を見て〉这桃真大。一定很甜吧？（大きい桃だ。きっと

甘い<u>だろう</u>）

（6）〈約束した時間をかなりオーバーしているのに気づき〉已经这么晚了，
她不会打电话来了<u>吧</u>（もうこんな時間だ。今日はもう電話をしてこな
い<u>だろう</u>）

一方，物事が成立する理由について推測するにあたり，特に日記や小説の地
の文においては，次の例（7）例（8）のように，「のだろう」を使うことになる。

（7）深夜两点，它咳嗽醒了，发现妻子的被子空着。一定是去厕所了<u>吧</u>，他想。
翻了个身，又睡着了（深夜の二時頃，彼は咳をしたはずみで目を覚ま
して，妻がいないのに気がついた。小用を足しにでもいった<u>のだろう</u>，
気にもせずに軀の向きを変えて，また眠った）。

（8）大概是轮到他值班了<u>吧</u>，儿子这个周末没有回来（たぶん当直が当たっ
た<u>のだろう</u>。この週末に，息子は帰ってこなかった）。

例（7）においては，「妻がいないのに気がついた」ものの，後ろの「気にも
せずに」が語っているように，主人公はほぼ断定的に「妻がいない」のは「小
用を足しにでもいった」のだととらえているから，「のだろう」しか使えないが，
例（8）のように，断定的にではなく，可能性の一つとしてとらえている場合は，
次の例（9）のように，「のだろうか」に訳してもよい。もっとも，推論に関わ
る確実性は，「のだろう」より，「のだろうか」のほうが低いということになる。

（9）大概是轮到他值班了<u>吧</u>，儿子这个周末没有回来（当直が当たった<u>のだ
ろうか</u>。この週末に，息子は帰ってこなかった）。

ただし，例（9）のように，「のだろうか」を使うと，副詞の「たぶん」は削
除しておく必要がある。比較的に高い確実性を「たぶん」が表しているからで
ある。比較的に高い確実性を表わす「たぶん」や高い確実性を表す「きっと」
などの陳述副詞は，次の例（10），例（11）のように「のだろうか」と呼応し
て使われることはないと考えてよい。

（10）＊たぶん当直が当たった<u>のだろうか</u>。この週末に，息子は帰ってこ
なかった。

（11）＊きっと当直が当たった<u>のだろうか</u>。この週末に，息子は帰ってこ
なかった。

134

　話は文末表現に戻るが，「のだろう」より高い確実性を述べる場合は，次の
例（12），例（13）のように，「からだろうか」，「からだろう」を使うことに
なる。いうまでもなく，終助詞の「か」を含まない「からだろう」が，それを
含む「からだろうか」より確実性が高い。また，この場合も，「のだろうか」，「の
だろう」の場合と似ていて，終助詞の「か」を含む「からだろうか」は，「きっ
と」のような副詞と呼応して使われることはない。

　　（12）当直が当たった<u>からだろうか</u>。この週末に，息子は帰ってこなかった。
　　（13）きっと当直が当たった<u>からだろう</u>。この週末に，息子は帰ってこなかった。

　「のだろうか」，「のだろう」，「からだろうか」，「からだろう」という四つの
形の中で，「からだろう」が表わす確実性が一番高いということは，次の例（14），
例（15）のように，それだけが「帰結＋は，原因・理由＋からだろう」のよう
な構文を作り上げられることからも見て取ることができる。

　　（14）儿子周末没有回来大概是因为轮到他值班了的缘故吧（息子が週末に
　　　　　帰ってこなかったのは，当直の番が当たった{？のだろう／＊のだ
　　　　　ろうか／からだろう／からだろうか}）。
　　（15）《红楼梦》之所以成为传世的名著，一定是因为它的爱情描写成功的
　　　　　缘故吧（『紅楼夢』が後世に伝わる名著になったのは，その愛情の
　　　　　描写が成功している{？のだろう／＊のだろうか／からだろう／か
　　　　　らだろうか）。

　原因・理由を推測するのに，「のだろうか」，「のだろう」，「からだろうか」，「か
らだろう」以外に，「のか」にも触れておく必要がある。野田春美（1997）では，
「のか」は「のだろう」，「のだろうか」と同じ 3.8 節において取り扱っており，
以下の例（16）がそのあげられている例であり，その下の，筆者による中国語
訳を見れば分かるように，「吧」としっかり対応している。

　　（16）その男は，今日は仕事はない<u>のか</u>，ずっと公園のベンチに座っていた。
　　　　　（那个人今天可能是没事儿干吧，一直在公园里的椅子上坐着。）

　「吧」に対応する日本語の表現形式があると，その綿密な使い分けの情報が
求められるが，残念ながら，それがまだないというのが現状である。そのため
の研究は今後の課題として，この時点ではまず以下のようなことを述べるのに

とどめておく。

　仮説Ⅰ：幾つかの物事の中で一つを指定する場合や，物事の属性及び発生の可能性などについて推測するときは，「だろう」を使い，成立した物事の原因理由を推測するときは，「のか」，「のだろうか」，「のだろう」のような「のだ」系列，及び「からだろうか」，「からだろう」のような「からだ」系列を使う。この中で，確実性が一番高いのは，「からだろう」である。

Ⅰ-2　確認：〈聞き手に聞く〉她不来了吧？（彼女はもう来ないだろう？）

　推量表現が質問に用いられると，確認型質問になる。確認型質問の対義表現は単純な質問であるが，非確認型と呼んでもよい。単純な質問は，話し手が情報を一切持たない，且つ，自分で推測という行動も取らないまま，丸投げで相手に質問するパターンである。それに対して，確認型質問は，話し手のほうで情報を持っていないものの，推測をして，ある主張に達し，その主張の是非を確認するために，聞き手に質問をするパターンだと考えられる。そのために，中国語でも日本語でも以下の例（17），例（18）のように，下降イントネーションの推量表現を上昇イントネーションにすることで，確認型質問に変えている。もっとも，日本語にはさらにそのあとに「か」を加えたパターンの例（19）が存在するが，中国語では「吧」の後に「か」に相当する「吗」を重ねることはあり得ない。

　　（17）她不来了吧？
　　（18）彼女はもう来ない<u>だろう</u>？
　　（19）彼女はもう来ない<u>だろうか</u>。

　例（19）の「彼女はもう来ないだろうか」についても，同じようにイントネーションで説明したいが，どうも上昇イントネーションとして用いないネイティブがいるようである。そのような方の場合は，同じ下降イントネーションで，1人では納得を表し，聞き手がいれば，相手に確認する気持ちを表す。「か」がついているだけに，下降イントネーションの「彼女はもう来ないだろう」より，相手に確認する気持ちは弱くなる。下降イントネーションで，且つ，副詞の「大概（たぶん）」を使った「她大概不来了吧」に近いと言える。

　上のⅠ-1　推量において，「だろう」と「のだろう」，「からだろう」の使い分けを検討したが，それは，推量される命題内容における論理関係に関しての

使い分けであり，推量表現を確認型質問表現に再利用するときには，改めて考えなくてもいいことである。理屈が同じだからである。こういったことを踏まえて，以下の仮説Ⅱをまとめておく。

　仮説Ⅱ：「吧」の確認型質問用法は，その推量用法からの転用であり，日本語に訳すときに，日本語の「だろう」と「のだろう（か）」，「からだろう（か）」といった諸形式間の使い分けは推量用法の場合と同じである。それに加え，記述しておく必要があるのは，確認型質問用法の尻上がりのイントネーションという手段で，「（の）だろう」と「（の）だろうか」を使う場合，前者は典型的な確認型質問になるが，後者は「か」を使ったことにより，相手の答えへの依存度が高くなったために，単純な質問と確認型質問の間の中間的表現になるのである。

2.3　和らげの「吧」の日本語訳について

　ここからは和らげの「吧」の日本語訳について考える。

　Ⅱ-1　一人称の意志を和らげる用法の「吧」は，次のように日本語の意志形の「う／よう」及び「うか／ようか」に訳すことになる。「か」がつくほうが聞き手の意向を伺っているので，より柔らかいと言えよう。

　（20）我去吧→私が行こう。

　（21）我去吧→私が行こうか。

　「う／よう」と「うか／ようか」の違いを，中国語では，「吧」のイントネーションによって表し分けていると考えられる。上昇イントネーションだと，聞き手の意向を聞いているので，「うか／ようか」に対応し，下降イントネーションでは，自分の意志を述べていることになるので，「う／よう」に対応すると考えられる。

　Ⅱ-2　二人称に対する誘いかけを和らげる用法の「吧」は，次のように日本語の「うか／ようか」と「ない？／ないか」に訳し，後者のほうが前者より柔らかい。

　（22）看电影去吧→映画を見に行こうか。

　（23）看电影去吧→映画を見に行かないか。

　一人称の意志を和らげる用法の「吧」が「う／よう」，「うか／ようか」に対応するのに対して，二人称に対する誘いかけを和らげる用法の「吧」が，「う／

よう」，「うか／ようか」ではなく，「うか／ようか」と「ない？／ないか」に
対応するに至った理由は，次のように考えられるかと思われる。

　すなわち，中国語では，「看电影去」のように，動詞の裸の形が誘いかけの
意味の一番直截的な言い方になるが，その中国語の動詞の裸の形に相当する日
本語の動詞の終止形は，意志を表すことはできても，誘いかけを表すことはで
きない。そのために，「う／よう」が一番直截的な表現として用いられること
になったので，それより柔らかい表現には，「ない？／ないか」まで動員した
のであろう。

　Ⅱ-3　二人称に対する指令を和らげる用法の「吧」は，次のように，「て形」
か「てください」に訳す。言い換えれば，「取りなさい」や「泣くな」より丁
寧な形に訳すのである。
　　（24）你自己拿吧→自分で（取って／取ってください）
　　（25）別哭了吧→もう（泣かないで／泣かないでください）
　「て形」と「てください」の違いは，後者のほうがより丁寧で，且つフォー
マルだと言えよう。

　Ⅱ-4　二人称に対する承認を和らげる用法の「吧」は，次のように，「うか／
ようか」か「てください」に訳す。
　　（26）就那么办吧→そうしようか。
　　（27）就那么办吧→そうしてください。
　「うか／ようか」は聞き手に任せる感じで，「てください」は話し手が主導権
を握っている感じである。なので，前者はより柔らかく，後者はよりフォーマ
ルだと言えよう。

　Ⅱ-5　二人称及び三人称の消極的な在り方への承認を和らげる用法の「吧」
は，次のように，「ないでよかろう」に訳したほうがよかろう。「ないでよかろう」
は「ないでいい」より柔らかいと思われる。
　　（28）不去就不去吧→行かないなら行かないでよかろう。
　そして，目上に言う場合は，「いらっしゃらないなら，それで結構です」とする。

　Ⅱ-6　例示を和らげる用法の「吧」は「う／よう」に訳す。

（29）比如你吧，你的北京话就比他讲得好→例えばお前を例にしよう，お
　　　前の北京語は彼よりずっとうまいよ。

　「吧」を付けていないケースを「例にすると」に訳し，「吧」を付けたケースを「例
にしよう」に訳したほうがよいであろう。「例にすると」よりは，「例にしよう」
のほうが話し言葉にしか使えないという理由で，柔らかく感じられる。

　Ⅱ-7　正反型仮定を和らげる用法の「吧」の日本語訳は，次のように，文末
を「です・ます」といった文体的なファクターで調整するよりほかない。

（30）大家选我当主任。当吧，能力有限；不当吧，又不好推脱→みんなは
　　　ぼくを主任に選んだのですが，引き受けるには力不足ですし，こと
　　　わるのも断りにくいです。

　もっとも，このようにして調整できたのは，発話そのもの全体の柔らかさで，
仮定節に限ってのことではない。つまり，中国語では「吧」を使って，従属節
の叙述態度を柔らかくしているが，日本語の「だろう」も「う／よう」もそこ
まではできないので，代わりに文末の文体を調整することで間に合わせている
のである。

　Ⅱ-8　譲歩を和らげる用法の「吧」の日本語訳は，Ⅱ-6 の例示の場合に通
じており，次のように，「う／よう」に訳したほうがよい。

（31）就算你正确吧，也该谦虚点儿啊→お前が正しいとしよう。しかし，
　　　それでも，謙虚でなくちゃいけないよ。

三　「吧」と「だろう」の相違について─まとめに代えて

　日本語の「だろう」は本来「だ」の推量形であるが，現代日本語では，名詞
述語文に限らずに，動詞述語文や形容詞述語文に関しても，その終止形に接続
して，推量を表すのに用いられている。「だろう」のこの種の用法が生まれる
までの古代日本語では，述語動詞の未然形に語尾の「う／よう」形[1]が付着して，
「意志」と同時に「推量」も表していた。そして，「だろう」という形も，実は
「だら」という未然形に「う」がつき，音便が起きた結果，「だら＋う」から「だ

---

1)　日本国内の現代日本語の文法書では「助動詞」と呼ばれることが多いが，本質的には語
　　幹につく語尾である。

ろう」というように定着した形であり，その構成のパターンは，上述の動詞や形容詞と変わらない。また，言うまでもないことだが，形容詞やコピュラの「だ」の未然形に「う／よう」がついてできた形には，推量の意味しか担えず，意志動詞の場合に限って，推量に加えて，話し手の意志，さらにその意味から発展した誘いかけをも表すことになるのである。

　ここで重要なのは，日本語のモダリティを表す語尾である「う／よう」は，たとえ意志動詞の未然形についても，話し手の意志，勧誘と推量しか表さないということであり，上述の中国語の「吧」と比べると，かなり限定的であると言わなければならない。

　日本語の「だろう」に対して，中国語の「吧」は，向熹（2010）『簡明漢語史　修訂本　下』によれば，「辞める」という意味の動詞である「罢休」の「罢」が文法化してなったのだという。そして，現代中国語におけるこの形は，話し手の意志，勧誘と推量に限らずに，命令，さらに，仮定型従属文を作るマーカーとしても使われる。

　日本語の「だろう」，ひいて言えば，それを構成する語尾である「う／よう」が基本的にSOV言語に見られるとすれば，どんなタイプのSOV言語に見られ，どこまでの意味・機能を有しているか，また，中国語の「吧」のような形は，おそらく孤立型SVO言語に見られる性格だが，孤立型SVO言語においてそれがどこまで広くみられ，言い換えれば，どのような孤立型SVO言語の下位タイプと関連を持つのかといったことは，言語類型論の重要なテーマになるであろう。

参考文献：

呂叔湘（主編）（1980）『現代汉语八百词』商务印书馆.

呂叔湘（主編）（1999）『現代汉语八百词 増订本』商务印书馆.

牛島徳次・菱沼透（監訳）（2003）『現代漢語八百語 増訂版　中国語文法用例辞典』東方書店.

向熹（2010）『簡明漢語史 修訂本 下』商务印书馆.

執筆者紹介

太田匡亮（おおた　きょうすけ）

大阪大学大学院言語文化研究科博士後期課程・北京語言大学漢語国際教育研究院在学中。2017 年〜 2019 年語学学校ダイワアカデミー翻訳通訳コース講師。中国語母語話者を対象とした中日通訳・翻訳科目を担当。著書に《国际汉语教学模式研究》（共著，北京语言大学出版社（中国），2021 年予定）がある。日本中国語学会・中国語教育学会・汉日对比语言学研究（协作）会・日本通訳翻訳学会・日本会議通訳者協会・通訳品質評議会など会員。

胡君平（こ　くんへい）

大阪府立大学人間社会学研究科博士課程修了（2017 年）。博士（言語文化学）。中国成都理工大学外国語学院講師。著書，論文に『中国語話者における日本語の「させる」構文の習得』（日中言語文化出版社），2020 年），「台湾人学習者による日本語使役文の用法別の使用実態―LARP at SCU の分析結果から―」（『日本語教育』，2016 年），「使役句 " 让 " 和「させる」的汉日对比研究―基于语义用法的新分类」（《日语学习と研究》，2020 年）などがある。

島村典子（しまむら　のりこ）

大阪大学言語社会研究科博士後期課程修了（2010 年）。博士（言語文化学）。京都外国語大学外国語学部中国語学科准教授。著書，論文に『現代中国語の移動を表す述補構造に関する研究』（好文出版，2016 年），『語順類型論と介詞理論』（日中言語文化出版社・共訳，2013 年），「補語成分 " 开 " の意味ネットワークについて」（『中国語教育』第 10 号，2012 年）などがある。

橋本永貢子（はしもと　えくこ）

大阪外国語大学大学院言語社会研究科博士課程修了（2011 年）。博士（言語文化学）。岐阜大学地域科学部教授。著書，論文に『中国語量詞の機能と意味―文法化の観点から―』、「《量词 " 张 " 的产生及其历史演变》读后」（《中国语文》第 1 期，2013 年）、「副詞 " 都 " と文の叙述レベル」（『現代中国語研究』第 19 期，2017 年）などがある。

古賀悠太郎（こが　ゆうたろう）

神戸市外国語大学大学院外国語学研究科博士課程修了（2014 年）。博士（文学）。台湾・静宜大学日本語文学系助理教授。著書，論文に『現代日本語の視点の研究―体系化と精緻化―』（ひつじ書房，2018 年），「対話の場面で「太郎は嬉しい」が可能になるとき―人称制限はどのような場合にどの程度解除され得るか―」（『日本語文法』19 巻 1 号，2019 年）などがある。

張麟声（ちょう　りんせい）

大阪大学大学院文学研究科博士課程修了（1997 年）。博士（文学）。大阪府立大学人間社会システム科学研究科教授。著書に《汉日对比研究与日语教学》（高等教育出版社（中国），2016 年），『新版 中国語話者のための日本語教育研究入門』（日中言語文化出版社、2011 年），『日本語教育のための誤用分析―中国語話者の母語干渉 20 例―』（スリーエーネットワーク，2001 年）などがある。

中文日訳の基礎的研究（二）

2021 年 3 月 25 日　初版第 1 刷発行

編 者　　張　　麟 声
発行者　　関 谷 一 雄
発行所　　日中言語文化出版社
　　　　　〒531-0074　大阪市北区本庄東2丁目13番21号
　　　　　ＴＥＬ　０６（６４８５）２４０６
　　　　　ＦＡＸ　０６（６３７１）２３０３
印刷所　　有限会社　扶桑印刷社